Liebe Leser,

hier ist jeder Sommer so, dass man ihn bei uns als Jahrhundertereignis feiern würde. Die sonnenwarmen Städte an der Küste, einst griechische Kolonien oder römische Munizipien, sind erfüllt von mediterraner Lebensart. Es riecht nach Pinien, Rosmarin und wilden Kräutern, und abends, wenn das Meer ruhig gegen die felsige Küste läuft, glüht die Adria im letzten Sonnenlicht. Die Slawen, die das Land eroberten, nannten sie »Blaues Feuer«. Unzählige Inseln sind von Tausenden Kilometern Küste gesäumt. Es gibt hohe Berge, karstige Weiten, Wasserfälle, Nationalparks und immer wieder diese unglaublichen Städte mit ihren antiken Hinterlassenschaften voller Leben.

Kroatien liegt uns nahe. Und mittendrin in Europa. Es ist voller Geschichten und Geschichte. Aber Kroatien ist auch einfach ein perfektes Urlaubsziel mit Sonnengarantie. Ein kleines Land mit unglaublich schönen Buchten und Badestellen und azurblauem Meer. Es locken das milde Klima, der frische Fisch, der gute Wein. Und die Menschen. Herzlich und warm. So wie die Schauspielerin Lea Mornar, die als junge Frau ihre Heimat verließ. Und mit der wir jetzt zurück nach Split kommen durften. Wir kennen jetzt Leas Großmutter und den Großvater. Es wurde viel gelacht und auch geweint. Und dann hat Lea uns Split gezeigt – eine dieser unglaublichen kroatischen Städte.

Herzlich Ihr

Andreas Hallaschka
MERIAN-Chefredakteur

Marc Bielefeld (links), der dieses Heft konzipierte, und der Fotograf Arthur F. Selbach mit der Schauspielerin Lea Mornar

Sommer 2011
Sabine + Nen

8 **SKIZZEN** Fundstücke an der Adria
Ein Land trägt Krawatte, hat Inseln wie Großmutters Hintern, trinkt
bittersüßen Kräuterlikör und liebt feurige Fußballer

14 **PORTFOLIO** »Blaues Meer, sage der Welt...
...dass der Kroate sein Volk liebt.« So heißt es in der Nationalhymne. Ein Streifzug entlang der Küste und durch grandiose Natur

28 **DENKE ICH AN** Ein Land mittendraußen
Schriftstellerin Juli Zeh über einen selbstbewussten Staat, der für
die einen am Rand, für die anderen im Zentrum Europas liegt

32 **DUBROVNIK** Stark, stolz und schön
Die alte Republik Ragusa ist Krisen und Eroberern stets mit
Freigeist und Eigensinn begegnet. Ein Schmuckstück an der Adria,
das glänzt wie nie zuvor

42 **DER ZWEITE BLICK** Damit wir nicht vergessen!
1991 fielen Granaten auf die Široka-Straße
in Dubrovnik. Die Geschichte des Hauses Nr. 8 erzählt von
Zerstörung, Mut und Wiederaufbau

44 **SEGELN** Horizont, Horizont!
Seefahrer sehen Kroatien mit anderen Augen.
Zerklüftete Küsten, kleine Häfen, zauberhafte Inseln.
Eine Reise in eine maritime Wunderwelt

51 **TÖRNS FÜR JEDERMANN** Blaumachen
Informationen, Adressen und Tipps für schöne Segelferien

54 **ISTRIEN** Die Schatzinsel
Italienische Leichtigkeit trifft auf Habsburger Noblesse.
Die Halbinsel im Nordwesten Kroatiens hat viele Gesichter

66 **STRÄNDE** Schöner baden
Mal feiner Kies, mal weißer Sand: die zehn besten Strände im Land

68 **WISSEN** Es leben die Kämpfer von Pula!
Zur römischen Provinz Illyricum gehörte vor 2000 Jahren auch
das heutige Istrien. Antikefans erwecken die alte Zeit
wieder zum Leben – mit Gladiatoren und rauschenden Festen

74 **ZAGREB** Die Bezaubernde
Eine stolze, alte Dame ist diese Stadt. Und eine begnadete Erzählerin. Wer ihren Geschichten zuhört, muss sie einfach lieben

102

VOR ALTEN MAUERN
Splits Altstadt entstand aus einem Kaiserpalast,
heute trifft sich die Jugend am Platz der Republik

IN DIE WILDNIS
Naturerlebnis Plitwitzer Seen. Über Holzstege
laufen Besucher in den Nationalpark

88

Jachten ziehen über die Adria an der Insel Lokrum
vorbei Richtung Dubrovnik: Das alte Ragusa
zählt zu den schönsten Städten am Mittelmeer

ZU NEUEN UFERN
Leinen los, frischer Wind, freie Fahrt. Mit dem Segelboot unterwegs zu den schönsten Inseln Dalmatiens

AUF IN DIE ARENA
In Pulas Amphitheater erlebt die Antike ein Comeback.
Tausende strömen zum Auftritt der neuen Gladiatoren

82 KUNST Gegen die Wand
Ein Haus für Querdenker: Zagrebs junges Museum
für Zeitgenössische Kunst

88 NATIONALPARKS Jetzt wird's wild
Wo Winnetou vor Kameras durch die Berge ritt, leben
heute Wölfe und Bären. Kroatiens Nationalparks zeigen
die ganze Schönheit des Landes

96 BRIJUNI Der grüne Salon des Herrn Tito
Auf seiner Privatinsel feierte Jugoslawiens Präsident
rauschende Partys, empfing Stars und besaß einen eigenen
Zoo. Titos Papagei ist noch immer gut bei Stimme

100 LEUCHTTÜRME Ungewohnt wohnen
13 alte Leuchttürme stehen noch an Klippen und auf einsamen Inseln und bieten Gästen Apartments mit Meerblick

102 SPLIT Und ewig lockt die Stadt
Split ist zu schön, um hier zu arbeiten. Diese Stadt
muss ein Vergnügen sein. Schauspielerin
Lea Mornar ließ sich durch ihre alte Heimat treiben

MERIAN kompass

WAS TUN IN KROATIEN? _____ 113

SEHENSWERTES von A-Z _____ 114

KULTUR Museen, Film, Theater _____ 124

ESSEN & TRINKEN Austern, Lamm, Palatschinken ____ 128

SPEZIALITÄTEN Das Beste aus Kroatiens Regionen ____ 130

ÜBER NACHT Vom Zelt bis zur Luxussuite _____ 132

AKTIV Klettern, Tauchen, Wandern _____ 136

KARTEN Kroatien und seine Inseln _____ 139

GESCHICHTE Österreich: Seemacht an der Adria ____ 142

GUT ZU WISSEN Reiseinformationen _____ 143

MEDIEN Reiseführer, Romane, Filme _____ 145

VORSCHAU Die nächsten MERIAN-Hefte _____ 146

Impressum, Bildnachweis _____ 112

Der Golf unter den Cabrios. Das neue Golf Cabriolet.

Das Schönste an einer Fahrt im Cabriolet ist die frische Luft. Unsere BlueMotionTechnologies reduzieren CO_2-Ausstoß und Benzinverbrauch und tragen dazu bei, dass sie frisch bleibt. So entlasten Sie beim Fahren nicht nur die Umwelt, sondern auch Ihren Geldbeutel. Aber das sind nur zwei Dinge, die dieses Auto zum Golf unter den Cabrios machen.

Jetzt bestellen oder beim Sommerfest vom 24. bis 26. Juni* bei Ihrem Volkswagen Partner live erleben.

*Den genauen Tag des Sommerfestes erfahren Sie bei Ihrem teilnehmenden Volkswagen Partner. Am Sonntag keine Beratung, kein Verkauf und keine Probefahrten.

**Den meisten Spaß hatten wir
immer in Autos ohne Dach.**

Das Auto.

SKIZZEN AUS KROATIEN

1960   1970   1973   1989   2003   2011

   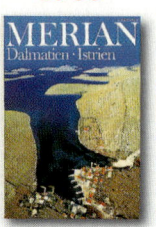 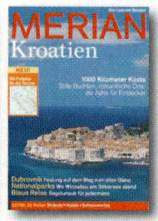 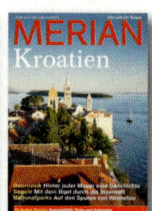

Schon 1960 schickte MERIAN Reporter nach Dalmatien, zehn Jahre später erschien eine erste Ausgabe über Istrien. Nach der Unabhängigkeit Kroatiens 1991 ist die aktuelle Ausgabe das zweite Heft über das ganze Land

KLEIDUNG Mit Schlips und Faden

Viele tragen eine, wenige wissen, woher sie kommt: die **Krawatte**. Kroatische Söldner banden sich im 17. Jh. Tücher um den Hals. Die Franzosen imitierten das, nannten die Zierde *à la croate*, später *cravate* – und so eroberte die Krawatte die Welt. Die Kroaten sind bis heute stolz darauf. Die **Academia Cravatica** würdigt den Binder mit großen Aktionen: Pulas Amphitheater wurde mit einer gigantischen Krawatte umwickelt, Felder bepflanzte man in Schlipsform, Statuen trugen die kroatische Erfindung. Und: Um große Teile des Landes legte man einen 4000 km langen Krawattenfaden – als Symbol der Einigkeit.

POLITIK
Ein Mann in allen Ehren

Der deutsche Außenminister Hans-Dietrich Genscher trug 1991 maßgeblich zur internationalen Anerkennung der kroatischen **Unabhängigkeit** bei. Die Kroaten verehren ihn dafür bis heute. Im Land existieren Genscher-Straßen, Genscher-Plätze und Cafés namens »Genscher«. Im Ort Selca auf Brač steht im Park sogar ein Genscher-Denkmal. Unweit von Papst Johannes Paul II.

Eduard Slavoljub Penkala war der Daniel Düsentrieb Kroatiens. Er entwickelte Waschmittel und rotierende Zahnbürsten, entwarf Wärmflaschen und ein Flugzeug. Unter seinen rund 80 Erfindungen war 1906 die erfolgreichste: Der Füll-Bleistift ging um die Welt. Bekannt wurde der Erfinder vor allem durch das Logo, das auch in Deutschland ein Renner war. Es zeigt den umtriebigen Mann mit Spitznase, Riesenohr und Stift – bis heute. Die Zagreber Fabrik Penkala produziert noch immer edle Schreibgeräte – made in Croatia und mit eben jenem lustigen Logo.

Die faszinierende Vielfalt Israels:
Paradiesisches Eilat

 Faszinierend bunt.

TOTES MEER
Offizieller Finalist
DIE NEUEN 7 WUNDER
DER NATUR
new7wonders.com

☐ AKTUELLE REISEANGEBOTE ☐

Diesenhaus Ram GmbH | „Glitzernd wie das Rote Meer, das Angebot in Eilat" | Delphine „hautnah", Taucherlebnis, Windsurfing, Skydiving, cosmopolitane Unterhaltung, breites Hotelangebot, internationale Gastronomie und 7 ÜF/DZ, z.B. im Hotel Dan Panorama****, ab € 371.- p. P | Tel.: 069/95909553 | www.diesenhaus.de

OFT REISEN | „1 Wo. Eilat" | Orchid Hotel & Resort, ÜF, inkl. Rail & Fly, Flugverkehrsst., Flug, ab € 972.- p.P. | Beratung und Buchung in ihrem Reisebüro oder direkt bei OFT REISEN | Tel.: 07156/16110 | www.oft-reisen.de

SHALOM ISRAEL REISEN GMBH | „1 Wo. Badeurlaub in Eilat" | ÜHP/DZ, Hotel Prima Music, inkl. Linienflug mit EL AL ab Frankfurt, ab € 875.- p.P. | Tel.: 02203/9125-0 | www.sir-reisen.com

Direktflüge nach Israel bieten u.a. an:

www.airberlin.com

www.elal.com

Staatliches Israelisches Verkehrsbüro / Friedrichstr. 95 / 10117 Berlin
Tel.: 030 2039970 / Fax: 030 20399730 / info@goisrael.de

www.goisrael.de

SIE WÜNSCHEN MEHR INFORMATIONEN ÜBER ISRAEL?

Dann lassen Sie sich auf unserer Internetseite von der Vielfalt Israels inspirieren. Sie finden dort Reiserouten unterschiedlichster Ausprägung, interessante Berichte zu allen Regionen und Stätten sowie spannende Videos zur Geschichte, Kultur und den drei Weltreligionen. Abgerundet wird das Angebot durch eine Vielzahl nützlicher Reisetipps sowie weiterführender Literaturempfehlungen.
www.goisrael.de

Sie haben spezifische Fragen oder Wünsche? Dann senden Sie uns gerne eine Mail an:
info@goisrael.de

Shalom!

SKIZZEN AUS KROATIEN

»Am letzten Schöpfungstag wollte Gott sein Werk krönen, und so schuf er aus Tränen, Sternen und Atem die Kornaten« George Bernard Shaw

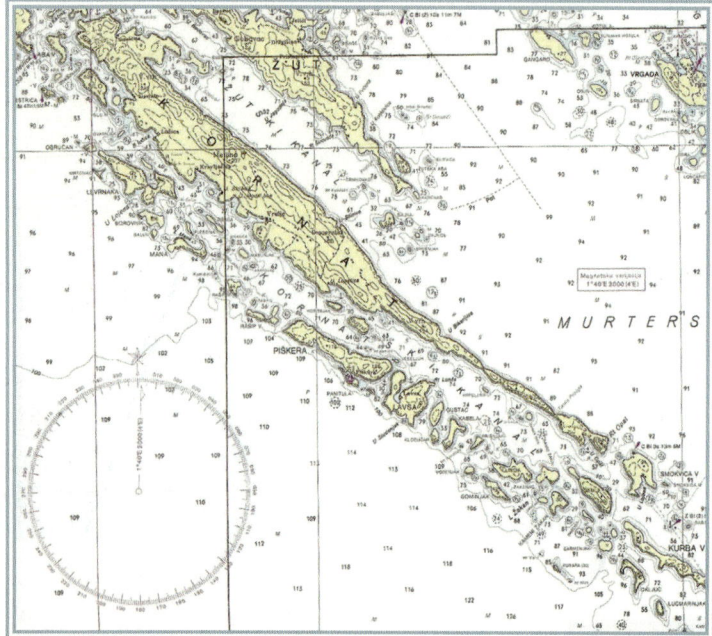

Wie kleine Tupfer liegen die rund 150 Kornateninseln im Meer. George Bernard Shaw beschrieb die Eilande als göttliche Schöpfung. Die kroatischen Fischer waren bei der Namensgebung prosaischer und fanden deftige Bilder. Babina Guzica heißt übersetzt etwa »Großmutters Hintern«. Wer Kurba Vela betritt, steht auf der »Großen Hure«, und Mrtvac bedeutet so viel wie »Toter Mann«.

SOUVENIRS
Steinzeit

Aus dem weißen **Kalkstein der Insel Brač** sind berühmte Gebäude entstanden: der Diokletianspalast in Split, die Kathedralen von Šibenik und Trogir, die Parlamente in Wien und Budapest. Vielerorts hört und glaubt man, sogar das Weiße Haus in Washington sei aus Bračer Stein errichtet. Das stimmt nicht, ist aber eine schöne Legende. Heute zählen die Kreuze und Krüge der Bračer Steinmetze zu den beliebtesten Souvenirs im Land.

KRÄUTERLIKÖR
Bittere Pulle

Kroaten trinken ihn zu jeder Gelegenheit. Ob als Aperitif, Longdrink oder Digestif in den Restaurants, Cafés und Beachbars: ein **Pelinkovac** geht immer. Der auf Wermuth basierende Kräuterlikör hat einen lieblich-bitteren Geschmack und wird aus mindestens zwanzig verschiedenen Bergkräutern hergestellt, die meisten stammen aus dem dalmatinischen Karstgebirge. Alkoholgehalt: 28 Prozent. Getrunken wird er kühl, aber von Kennern stets ohne Eis. Ein Tourist, der ihn bestellt, hat beim Kellner gleich einen Stein im Brett. Und genießt einen Tropfen mit Tradition – der Pelinkovac wurde schon am Hof von Napoleon III. getrunken.

PORTUGAL
Ganz einfach schön

visitportugal.com

Portugal
Europe's West Coast™

SKIZZEN AUS KROATIEN

STRANDSPORT

Viel Wirbel um den kleinen Ball

Picigin ist eines der beliebtesten Strandspiele in Kroatien. Am Meer sieht man sie fast überall: Fünf Spieler, meist Männer, stehen im flachen Wasser im Kreis und versuchen, mit Händen, Armen und Köpfen einen kleinen Ball in der Luft zu halten. Sie springen hoch, klatschen ins Wasser und machen akrobatische Verrenkungen, um den Ball zu erreichen. In Kroatien wird sogar eine WM dieses Freistil-Wasserballspiels ausgetragen.

FUSSBALL

Die Kraft der »Feurigen«

In den europäischen Fußball-Ligen sind **Kicker aus Kroatien** begehrte Exportschlager. Der »Flügelflitzer« Ivan Perišić etwa, ein Ivica Olić oder der Torjäger Srdjan Lakić, von den Fans »Lucky« getauft und als »kroatische Lebensversicherung« tituliert. Die heutige erste kroatische Fußball-Liga HNL wurde 1991 nach der Unabhängigkeit gegründet. Für viele Kroaten sind ihre Fußballer die wichtigsten Botschafter der Republik. Die Nationalelf gilt als bestes Team der ehemaligen Jugoslawien-Staaten. Wenn die »Vatreni«, die »Feurigen«, auf dem Spielfeld stehen, geht es immer um ein bisschen mehr als nur den Sieg auf dem Rasen.

BVB jagt kroatischen Flügelflitzer

»Lucky«, die kroatische Lebensversicherung

Wer Zagorski Štrukli bestellt, ordert nicht nur einen Strudel. Die hausgemachte Spezialität aus der Region Zagreb – gekocht oder gebacken, mal salzig, mit Käse gefüllt als Vor- oder Hauptspeise, mal süß als Dessert – ist Kult. Und zwar höchst offiziell angeordnet. Das Kultusministerium hat dem Traditionsgericht den Status eines »geschützten Kulturguts« verliehen. Die besten Teigtaschen soll es übrigens im noblen Hotel »Regent Esplanade« in Zagreb geben – seit 1951 stehen sie dort auf der Karte.

Die Reise ist noch nicht zu Ende, sie fängt erst richtig an.

Sanddünen in der Liwa-Oase

Stille ist hier Beschaulichkeit.

Auf der Suche nach Ruhe finden Sie Gelassenheit.

In der unendlichen Weite finden Sie Ihren tiefen inneren Frieden.

Unerforschte Welten. Unentdeckte Schätze.

Ein endloser Horizont im goldenen Sonnenlicht.

Jedem jungen Morgen wohnt der Zauber eines neuen Anfangs inne.

Und Sie dachten, Sie hätten schon alles gesehen?

Abu Dhabi. Travellers welcome.

"Glamour, Kultur und Arabiens Magie. Muss man erlebt haben"
Reisemagazin "abenteuer und reisen". **www.visitabudhabi.ae**

Antun Mihanović (1796-1861), dichtete den Text der kroatischen Nationalhymne

»Blaues Meer, sage der Welt:

FOTOS **ARTHUR F. SELBACH**

Dass der Kroate sein Volk liebt.«

Märchenhaftes Wasserreich. Das kleine Primošten ist nur durch einen Damm mit dem Festland Mittel- dalmatiens verbunden, eine von mehr als 1200 Inseln Kroatiens. Schon 1960 entdeckten die ersten Touris- ten das damalige Fischerdorf

Sphärisches Lichtspiel am Meer.
Der Architekt Nikola Bašić hat auf
der Uferpromenade von Zadar
300 Glasmodule zu einem begehbaren Kreis mit 22 Metern
Durchmesser angeordnet. Sein
»Gruß an die Sonne« beginnt
bei Sonnenuntergang zu leuchten

Grüßt mir die Sonne, ihr Träumer

Sommer in Dubrovnik, hier kommt
alles zusammen. Das Wasser
vor der felsigen kroatischen Küste
ist so sauber wie kaum sonst
im Mittelmeer. Und die Altstadt
des einstigen Ragusa ist welt-
berühmt für ihre Anmut. Über
vier Jahrhunderte verteidigte
die Stadtrepublik ihr Autonomie

Foto: Gerald Hänel

Alte Geschichten
wie **Sand**
am Meer

Frühsport. In den ersten frischen
Stunden des Tages fährt ein Mountain-
biker über die kargen Gipfel des
Bergs Sveti Jure. Aus 1762 Meter Höhe
eröffnet sich ein himmelweiter
Blick über das Biokovo-Gebirge bis
zur Küste Mitteldalmatiens

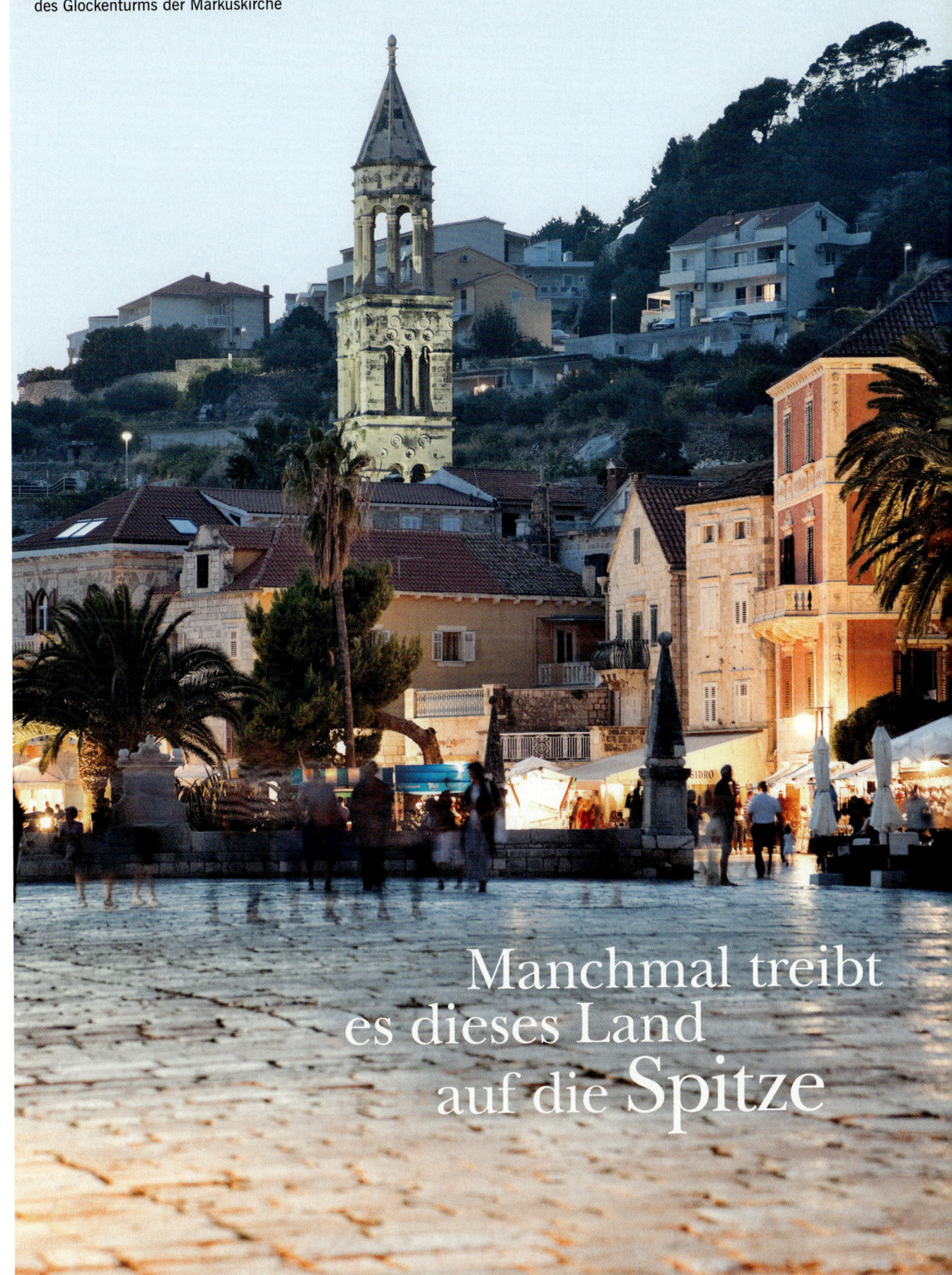

Abendspaziergang. Auf der Insel Hvar sind die Menschen gern bis in die Nacht unterwegs,auf dem Hauptplatz des Ortes Hvar liegen die Cafés zu Füßen des Glockenturms der Markuskirche

Manchmal treibt es dieses Land auf die Spitze

Gut gebaut auf
einem **Fels** in
der Brandung

Wie eine Trutzburg thront Rovinjs Altstadt im Meer. Die Wellen schwappen hier bis an die Hausmauern. In der Mitte der Halbinsel erhebt sich die Barockkirche der hl. Euphemia. Für ihren mehr als 60 Meter hohen Turm war der Campanile in Venedig Vorbild

Kinder spielen vor Rovinj in
den Wellen, auf den warmen Felsen
nahe der Altstadt sonnen sich
die Einheimischen. Nur eine von
Hunderten Buchten an der
5835 Kilometer langen Küstenlinie

Ein Gefühl von
Frische hängt
in der Luft

Gassen aus handverlegten Steinen
durchziehen die Altstadt von Rovinj.
Der als Castrum Rubini schon
im 5. Jh. erwähnte Ort trägt noch
Spuren aus romanisch-gotischer
Zeit. Die 140 000-Einwohner-Stadt
ist Istriens bekanntester Ferienort

Ein Fall für zwei
mit einem Schuss
Romantik

Ein Pärchen genießt den hinreißenden Anblick im Nationalpark Krka. Der gleichnamige Fluss rauscht hier durch Canyons und über Dutzende Stromschnellen. An sieben bis zu 32 Meter hohen Wasserfällen ergießt er sich in glasklare Seen, in denen man sogar baden kann

Juli Zeh, Völkerrechtlerin und als Schriftstellerin vielfach ausgezeichnet, setzt sich literarisch immer wieder mit den Ländern des ehemaligen Jugoslawien auseinander. Kroatien, schreibt sie, habe die Demokratie des 21. Jahrhunderts besser verstanden als manches andere europäische Land. Wer heute nach Kroatien reise, unternehme eine Expedition an die Grenze zwischen gestern und heute. Eine Grenze, die quer durchs eigene Herz verläuft

Mittendraußen

Der Balkan ist wie der Horizont. Je mehr man darauf zufährt, desto weiter rückt er in die Ferne. Von Österreich aus gesehen beginnt er an der slowenischen Grenze. Für die Slowenen ist Kroatien das westlichste Land des Balkans. Und fragt man einen Kroaten, so deutet er in alle Himmelsrichtungen: Der Balkan beginnt natürlich in Bosnien, Bulgarien, Ungarn! Schnaps am Mittag, unpünktliche Busse, alte Frauen mit schlechten Zähnen – Kroatien ist nie und nimmer ein Balkanland.

Zu Südosteuropa gehört Kroatien übrigens auch nicht. Schließlich liegt Zagreb westlicher als Wien und nördlicher als Mailand, ein kleines bisschen wenigstens. Nach seiner geographischen Verortung befragt, breitet Kroatien die Arme aus und dreht sich einmal um sich selbst: Mitteleuropa, ganz klar!

Aber was soll das eigentlich sein, Mitteleuropa? Sinngemäß hat Henry Miller einst formuliert, dass die Wahrheit immer an den Rändern liege, während die Mitte der Dinge leer sei. Vermutlich hat er nicht geahnt, wie gut diese Erkenntnis eines Tages auf Europa passen würde.

Als ich vor zehn Jahren zum ersten Mal nach Kroatien fuhr, war das noch eine Reise an die Ränder Europas, wenn nicht sogar darüber hinaus. Kaum war ich aus dem Zug gestiegen, ereilte mich ein Kulturschock der besonderen Art. Mein Kopf war noch immer angefüllt mit jenen Fernsehbildern aus »Ex-Jugoslawien«, die während des Krieges jahrelang die Nachrichten dominiert hatten. Plötzlich aber stand ich in Zagreb auf dem Tomislav-Platz, umgeben von prachtvollen Gründerzeitbauten, die an Wien oder Krakau erinnerten, und fühlte mich im falschen Film. Das sah doch aus wie ganz normales Europa und nicht wie ein Kriegsgebiet! »Keine Ahnung, was ich erwartet habe«, schrieb ich in mein Reisetagebuch. »Wahrscheinlich einen riesigen Bombenkrater, an dessen Rand in Lumpen gehüllte Flüchtlinge sitzen.«

Aus heutiger Sicht scheint das nicht zehn, sondern hundert Jahre her zu sein. Die Frage, was uns die Balkan-Kriege über den Zusammenhang von »Kriegsgebiet« und »ganz normalem Europa« erzählen konnten, haben wir nicht beantwortet, sondern vergessen. Unter dem Tomislav-Platz befindet sich heute tatsächlich ein »Krater«, nämlich eine jener unterirdischen Shoppingmalls, die Klone überall auf der Welt besitzen und an nichts erinnern außer an sich selbst.

Wer an Kroatien denkt, sieht nicht länger zerstörte Häuser, weinende Kinder und Militärkonvois vor dem geistigen Auge. Aber auch keine Olivenbäume, Weißweinkaraffen und pastellfarbenen Sonnenuntergänge. In puncto Bildergedächtnis scheinen sich Urlaubskataloge und Kriegsberichterstattung gegenseitig aufzuheben. Kroatien liegt irgendwie dazwischen. Die westeuropäische Meinung ist nicht einmal sicher, ob die Kroaten im Krieg als Täter oder Opfer fungierten. Die Serben waren die Bösen, die Bosnier die Guten. Und die Kroaten? Dazwischen.

Den zeitgenössischen Kroatien-Reisenden erwartet weder Jugo-Romantik noch Balkan-Chaos, sondern eine Gesellschaft mit einem klaren Ziel: Europa. Gemeint ist nicht das Europa der tief verwurzelten Traditionen und notorischen Identitätskonflikte. Gemeint ist die EU, also jene Mischung aus freiem Markt und politischem Pragmatismus, die gemeinhin als Zauberformel für Frieden und Wohlstand gilt.

Vor allem für Wohlstand. Im Kopf sind die Kroaten längst im europäischen Konsumentenparadies angelangt. Ausgestattet mit der *casual uniform* aus Turnschuhen und iPhone, lässt man das Gewesene hinter sich, steigt über eine unbewältigte Kriegsvergangenheit ebenso energisch hinweg wie über nationalistische oder ethnische Rest-Gärungen. Nach und nach wurden sogar die Generäle des »Heimatkriegs« vom Sockel gehoben und gegebenenfalls auf Druck der EU nach Den Haag ausgeliefert. Die frei gewordenen Stellen als Nationalhelden hat man mit »Tycoons« besetzt, also mit jenen neureichen Supermännern, die seit der Privatisierung der Staatsbetriebe das ehemalige Volkseigentum unter sich aufteilen. Statt alten Heimatverteidigern huldigt man Turbokapitalisten, um deren Jachten und Affären sich die Klatschspalten reißen – treffender kann eine Gesellschaft ihren Wertewandel kaum illustrieren.

Was aber, wenn die Zauberformel versagt? Genau wie im Westen hat auch die Europa-Liebe der Kroaten keinen romantischen Kern. Für viele Menschen geht es um existenzielle Bedürfnisse – Arbeit, Sozialhilfe, Ausbildung, medizinische Versorgung, im schlimmsten Fall um Essen und beheizte Wohnräume. Seit der Finanzkrise ist die Arbeitslosigkeit auf fast zwanzig Prozent gestiegen. Manch einer, der noch einen Job hat, bekommt seit Monaten sein Gehalt nicht ausgezahlt. Tag für Tag verabreden sich Tausende Demonstranten über Facebook, um in verschiedenen kroatischen Städten den Rücktritt der Regierung zu fordern. In die Proteste gegen Korruption und Politikerversagen mischen sich erste EU-kritische Töne. Hier zeigen sich die Auswirkungen des Kuhhandels, der auf dem gesamten Kontinent gilt: Europa-Liebe gegen Lebensstandard. Wenn Letzterer nicht steigt, sinkt die Erstgenannte.

Der Balkan, heißt es, sei schon immer ein Labor für die europäische Kultur gewesen. Dort könne man das europäische Wesen auf engstem Raum wie unter dem Vergrößerungsglas beobachten. Kroatien beweist ein weiteres Mal, dass an diesem Klischee etwas dran ist. Wie im Zeitraffer durchläuft das Land die großen Umbauprozesse, die das westliche Europa seit dem Zweiten Weltkrieg von Grund auf verändert haben. Die Trennlinie zwischen »Alter« und »Neuer« Welt verläuft keineswegs durch den Atlantik. Sie ist überhaupt keine geographische Linie, sondern markiert eine Wandlung in Mentalität und Lebensart. Im alten Europa ging es um das Miteinander und Gegeneinander von verschiedenen Kulturen. Nationen und Individuen erkämpften und besangen ihr Recht auf Unterschied. Das neue Europa hingegen handelt von Anpassung. Es zielt auf die Aufhebung von Grenzen, auf Annäherung, Integration, Harmonisierung und Chancengleichheit, kurz: nicht auf die Betonung, sondern auf die Nivellierung von Andersartigkeit. Individualismus ist das Recht, genauso auszusehen, zu essen und zu arbeiten wie alle anderen. Nicht im Eigensinn, sondern in höchstmöglicher Flexibilität liegt die wichtigste Tugend.

Kroatien will aufholen. Dementsprechend befinden sich die Kräfte des Alten und des Neuen in einem erbitterten Kampf. Auf der einen Seite wird bestochen und gemauschelt, auf der anderen aufgeräumt und ausgemistet. Die Fronten verlaufen kreuz und quer durch die Gesellschaft, nicht selten sogar mitten durch einzelne Personen. Der durch eine Autobombe getötete Ivo »Puki« Pukanić war als Journalist und Zeitungsverleger unermüdlich damit beschäftigt, Licht in die Korruptionsaffären seines Landes zu bringen – und soll gleichzeitig seine wachsende Macht genutzt haben, um sich selbst als kräftig verdienender Akteur am mafiösen Spiel zu beteiligen. Ivo Sanader, ehemaliger Premierminister, bildete eine wichtige Triebfeder für die Modernisierung. Er brach mit dem feierlich-nationalen Erbe Franjo Tudjmans, entmachtete die ultrarechten Kreise seiner Partei und wirkte als Galionsfigur auf Kroatiens Weg in die EU – bis er nach Ende seiner Amtszeit wegen großformatiger Wirtschaftskriminalität verhaftet wurde.

In postkommunistischen Gesellschaften ist die unheilige Ehe zwischen Politik, Wirtschaft und organisiertem Verbrechen das traurige Standardprogramm. Korruption stellt eine schwer zu stoppende Epidemie dar, die eine Gesellschaft von der höchsten bis zur untersten Ebene erfasst. Mangels Vertrauen in die politische Klasse arbeiten viele Kroaten schwarz, weil sie einem Staat, der ihnen wenig zu bieten hat, ihre Steuern nicht gönnen. Weil die Liebe zum Geld keine echte Gemeinschaft, sondern ein Zweckbündnis aus Millionen von pragmatisch denkenden Einzelwesen hervorbringt, taugt sie allein wenig, wenn es darum geht, eine Gesellschaft zusammenzuhalten.

Die aktuelle Krise, heißt es, gefährde Kroatiens Weg in die EU. Aber hinter der momentanen EU-kritischen Stimmung wirkt ein viel wichtigerer Reflex. Intuitiv und besser als manch ein westeuropäisches Land hat Kroatien verstanden, was Demokratie im 21. Jahrhundert ausmacht: Sie entwickelt sich vom Wertesystem zur Corporate Identity. Daraus folgt: Mafiöser Filz, totgebombte Journalisten und verhaftete Premierminister sind ein Imageproblem. Genau wie verfolgte Minderheiten und glorifizierte Kriegsverbrecher. In einer Gesellschaft, die diesen Zusammenhang begriffen hat, haben Korruption, Nationalismus und andere balkanisch-rückständige Sentimentalitäten gegen Jeans und iPod langfristig keine Chance.

Es ist, als habe eine turbulente Geschichte aus Fremdherrschaft, Exil, Vertreibung und Gastarbeiter-Völkerwanderung die Kroaten zu wahren Überlebens- und Anpassungskünstlern geformt. Junge Kriegsflüchtlinge waren gezwungen, nacheinander in verschiedenen Ländern zu leben. Sie haben spielend Englisch, Deutsch, Italienisch und Schwedisch gelernt, an wechselnden Orten studiert und Arbeit gefunden. Die Begriffe »Identitätskrise« oder »Migrationshintergrund« hat man aus ihren Mündern niemals gehört. In puncto Flexibilität und Pragmatismus macht den prototypischen Mitteleuropäern niemand etwas vor.

Wenn der Balkan wie der Horizont ist, dann bewegt sich Kroatien in atemberaubendem Tempo in die entgegengesetzte Richtung, schnurstracks in die leere Mitte Europas. Angesichts der jugoslawischen Historie ist es unmöglich, dies zu bedauern. Die melancholischen Töne zwischen diesen Zeilen sind Folge eines persönlichen Problems. Fahren Sie hin, vielleicht werden Sie mich verstehen. Wer Kroatien derzeit bereist, unternimmt eine Expedition an die Grenze zwischen gestern und heute, zwischen alt und neu. Er wird feststellen: Sie verläuft quer durch das eigene Herz. ■

Neue Köpf

Neues Kon

Neue Rele

Zeit für eine neue Meinung

Härtere Debatten, klarere Standpunkte, packendere Reportagen, mehr Hintergründe und mehr Platz für die Beiträge prominenter Autoren: Der FOCUS hat sich neu erfunden. Deshalb ist jetzt der perfekte Zeitpunkt, ihn neu kennenzulernen.

Testen Sie den neuen FOCUS – am Kiosk oder im Abonnement: focus.de/abo

e.

zept.

vanz.

zum FOCUS, finden Sie nicht?

Dubrovnik

Stark, stolz und schön

Das alte Ragusa hat Angreifern immer wieder die Stirn geboten – mit Eigensinn und Freigeist. Heute ist die Stadt ein Schmuckstück und glänzt wie nie zuvor

TEXT **AILEEN TIEDEMANN** FOTOS **GERALD HÄNEL**

Die roten Ziegel auf den Dächern sind noch keine zwanzig Jahre alt – und längst ein Wahrzeichen Dubrovniks. Von der Seilbahnstation auf dem Berg Srdj ist der historische Kern mit der Stadtmauer am besten zu sehen

Noch am Abend strömen
die Besucher auf den Luža-
Platz. Wie ein Freilicht-
museum wirkt die Altstadt um
die fast 300 Jahre alte
Kirche St. Blasius mit der dop-
pelt so alten Rolandsäule

Platz zum Staunen

Auf der Klippe. Ein Café vor der Stadtmauer hat seine
Stühle direkt auf die Felsen am Meer gestellt

Das Dominikanerkloster entstand 1310 im Osten der Stadt.
Der jüngere Kreuzgang trägt Züge von Renaissance und Gotik

Zeit für Müßiggang

Am Morgen tönt ein Schiffs-
horn über die Stadt. Das
Dröhnen kommt drüben
vom Hafen, die tiefen
Laute legen sich über
die Häuser, die Straßen.
Die Signale der ein-
und auslaufenden Kreuzfahrtschiffe
sind die inoffiziellen Weckrufe von
Dubrovnik – sie künden von Passagie-
ren, die aus aller Welt kommen, um eine
der eigenwilligsten Städte am Mittelmeer zu besuchen. Sie ist rund 2000 Jahre
alt und war nie schöner als heute.

Aus den dicken Bäuchen der Schiffe
strömen an diesem Morgen Scharen

an Touristen, die kurz darauf die Gassen der Altstadt fluten. Denn es ist nicht
nur ein Schiff, das hier am Tag fest-
macht, im Sommer sind es bis zu fünf.
Besucher aus fernen Ländern füllen die
Cafés, fotografieren Springbrunnen und
kaufen in den Souvenirgeschäften mit
Lavendel gefüllte Beutelchen. Camcor-
der von Japanern, Franzosen, Amerika-
nern, Koreanern, Deutschen richten sich
auf perfekt restaurierte Arkaden, Innen-
höfe und Kirchen.

Vom Café »Gradskavana« überblickt
der 84-jährige Schauspieler Miše Martinović das Treiben der Touristen. An
Dubrovniks Marin-Držić-Theater hat

er früher die großen Rollen gespielt:
Don Juan, Macbeth, Othello. Heute
schaut er sich das Theaterstück an, das
ihm das wahre Leben bietet. »Die Touristen stören mich gar nicht«, sagt er
mit einem Lächeln. »Im Gegenteil, sie
halten mir jeden Tag vor Augen, dass
Dubrovnik heute frei ist, eine Stadt, die
die Menschen lieben. Jeder ist heute
hier willkommen, man darf sagen und
schreiben, was man will. Das war ja
nicht immer so.«

Libertas, Freiheit. Ein großes Wort in
der einstigen Republik Ragusa. Nicht
ohne Grund hatte die Stadt das Wort in
ihr Wappen aufgenommen. Seit jeher

Der sorgfältig renovierte Sponza-Palast zeigt den Einfluss der Italiener im alten Ragusa. Im 13. Jahrhundert nahmen die Venezianer die Stadt ein, der Palast wurde aber erst gebaut, als sie die Macht längst verloren hatten

hat sich Dubrovnik gegen Feinde verteidigen müssen. Um das Jahr 950 belagerten die Venezianer zum ersten Mal die Stadt, um sich die unliebsame Konkurrentin im Seehandel vom Hals zu schaffen. Erfolglos. Erst 250 Jahre später ergab sich die Stadt. Zur Freistadt Ragusa wurde sie 1358, der ungarisch-kroatische König Ludwig I. von Anjou gewährte ihr Autonomie. Ab 1400 nannte sie sich sogar Republik. Das Recht auf Selbstbestimmung konnte sie wahren, musste sich aber immer wieder fremden Herren unterordnen: Die Türken ergriffen 1526 die Macht, Napoleon marschierte 1806 ein und löste zwei Jahre später die Republik auf. 1815 fiel die Stadt an Österreich, 1919 wurde Dubrovnik Teil Jugoslawiens. Trotz aller Kämpfe blieb die

Stadt ein Hort des Fortschritts und Freigeists. Um 1410 schaffte Ragusa als einer der ersten Staaten die Sklaverei ab. Schon sehr früh entwickelte sich ein öffentliches Sozialsystem. Eine Apotheke und ein Waisenhaus entstanden in Ragusa schon, als andere europäische Regierungen sich noch kaum um Gemeinwohl und Gesundheit ihrer Bürger scherten.

Das kleine stolze Reich gab sich weltoffener als so mancher große Staat. Im 16. Jahrhundert unterhielt Ragusa über fünfzig Konsulate, die diplomatischen Kontakte reichten bis nach England und Spanien. Kein Wunder, dass Kroaten aus anderen Landesteilen die Bewohner Dubrovniks noch heute »Gospari« nen-

nen – die »Herren«. Sie haben Belagerungen überstanden und dabei immer Haltung gezeigt. Ein Ausnahmefall an Stärke – und an Schönheit. 1979 wurde die gesamte Altstadt zum Unesco-Weltkulturerbe erhoben. Wer heute die mächtige Mauer um die alte Stadt betritt, begreift auch den tieferen Sinn des meterdicken Bollwerks: Dahinter verbarrikadierte sich jahrhundertelang ein filigraner Ort, eine kleine Wunderwelt, die sich nie aufgegeben hat.

Wie ein Tresor voller kostbarer Schätze steht die Stadt auf ihrem Felsen im Meer. Ihr alter Kern hat nichts von seiner Pracht verloren, trotz der vielen Attacken, trotz verheerender Erdbeben, trotz des Bürgerkrieges, dessen Granaten in den 1990er Jahren

Glänzend. Das helle blanke Kalksteinpflaster der Flaniermeile Stradun verleiht der Stadt einen ganz eigenen Schimmer – auch wenn es nicht regnet

Lichtspiele in der Nacht

mehr als ein Drittel der historischen Gebäude zum Opfer fielen.

Dubrovniks begehbare Stadtmauer ist knapp zwei Kilometer lang, sie umschlingt fast die ganze Altstadt. Von hier oben sieht man die Einkaufsstraße Stradun mit ihrem glänzenden Kalksteinpflaster. Es ist so blank, dass sich die Flaneure darin spiegeln, die Stühle der Restaurants, die Schaufenster der Geschäfte. Von unten dringt Jazz aus einem Café, das direkt an den Klippen liegt, auf der anderen Mauerseite spielen Kinder auf einem Schulhof Basketball. Und der Betrachter sieht rot: Die Dachziegel der alten Häuser leuchten in der Sonne. »Rotkäppchen« nennen die Einwohner die roten Ziegel, mit denen die zerstörten Häuser nach dem Krieg neu gedeckt wurden. Von den al-

ten bräunlichen sind nur noch einige wenige übrig geblieben. Die roten Dächer sind längst zum Sinnbild der Stadt geworden.

Die Spuren des Krieges – sie sind im Stadtbild so gut wie verschwunden. Nicht aber in den Köpfen. Im Geschäft von Goldschmied Boris Filičić liegt auf dem Tresen ein Buch mit Fotos. Der brennende Jachthafen, Rauchwolken über der Stadt, Trümmer in den Straßen. »Mein Dach ist im Krieg von den Serben zerstört worden«, erzählt Filičić. »Granatsplitter flogen im Wohnzimmer von einer Wand zur anderen und schlugen im Fernseher ein. Ein Freund von mir bewahrt heute noch in einem Glas all die Granatsplitter auf, die ihm aus dem Körper operiert wurden.« Sein Geschäft betreibt Boris

Filičić in dritter Generation. Nie ist er auf die Idee gekommen, Dubrovnik zu verlassen. »Obwohl wir im Krieg von Feinden umgeben waren, haben wir in den Stadtmauern zusammengehalten. Es gab kaum zu essen, zu trinken, aber wir verloren nie den Mut. Jeden Morgen rasierten wir Männer uns. Wir haben nie schlecht gerochen.«

Als alles zu Ende war, machte man sich ans Aufräumen. 1996 legte das erste Kreuzfahrtschiff nach Kriegsende an. Eine Zeitenwende. Seit damals hat sich die Anzahl der Hotels in der Stadt fast verdoppelt.

Heute ist Dubrovnik vor allem eines: traumhaft schön. Das Meer hinter dem Kiesstrand ist klar und blau. Dem Badenden schwappt das Wasser in die

Treppauf. Steile Gassen führen von der Stradun zu den Shops und Bars der verwinkelten Altstadt

Gewagt. Ein Mann greift nach Münzen, die Touristen in den Kleinen Onofrio-Brunnen geworfen haben

Orte zum Abtauchen

Augen, dann wird der Blick wieder klar, und man sieht auf Dubrovnik. Stark, stolz und schön. In der Ferne liegt die Insel Lokrum wie ein grüner Schwamm. Mit einem Fluch soll die unbewohnte Insel belegt sein, seit ein Benediktinerorden von dort verbannt wurde. Erzherzog Maximilian von Österreich kaufte das Eiland 1859 – und wurde acht Jahre später erschossen. Wer nach Lokrum fahre, werde danach vom Pech verfolgt. Sagt die Legende.

Sie hält die Ausflügler nicht ab. Vom alten Stadthafen starten die Boote, fünfzehn Minuten dauert die Überfahrt, dann macht das Schiff in einer kleinen Bucht fest. Pinienzweige hän-

gen über dem Meer, und ausgewilderte Pfauen stolzieren über Felsen.

Die Passagiere verteilen sich schnell auf der Insel, nur noch das Gezwitscher der Vögel und das Rauschen des Windes in den Bäumen ist zu hören. Im Botanischen Garten ist die Natur noch elegant manikürt, dann wird die Vegetation ursprünglich und wild. Mitten im Wald stehen die Mauern des verlassenen Benediktinerklosters. Die Arkaden sind mit Moos bewachsen, Kakteen ragen zwischen den Steinen hervor. Ein steiler Weg führt zu einem Wehrturm auf dem höchsten Punkt der Insel.

Hier oben sitzen still ein paar Wanderer und blicken übers Meer auf die Stadt. Die Umrisse der Festungsmauer sind genau zu erkennen, ebenso das neue, aus dem Boden getriebene Dubrovnik, das sich mit seinen kantigen Hochhäusern und riesigen Supermärkten hinter der Altstadt ausbreitet. Hier wohnt der Großteil der rund 50000 Einwohner. Etwa 1500 Menschen leben noch innerhalb der alten Stadtmauer im Postkartenteil Dubrovniks.

Es ist Abend geworden. Auf den Kreuzfahrtschiffen gehen die Passagiere an ihre Büffets. Die Gassen der Altstadt leeren sich. Das Licht der Straßenlaternen spiegelt sich im weißen

Pflaster der Straßen, die Stadt schimmert. Weich fühlt sich der Boden unter den Füßen an. Alles glänzt. »Perle der Adria« nannte Lord Byron Dubrovnik. Jetzt wird jedem klar, was der englische Poet damit meinte. Die ganze Stadt bietet ein Bild der Erhabenheit: der vierflügelige Rektorenpalast, der Dom der Mariä Himmelfahrt, die Kirche des Heiligen Blasius mit ihrer barocken Fassade. Von ihrem Sockel aus wacht die knapp 600 Jahre alte Figur des Ritters Roland mit Schwert in der Hand über die Freiheit und Unabhängigkeit von Dubrovnik.

Gleich dahinter im Sponza-Palast liegt ein Gedenkraum zu Ehren der Gefallenen. An den Wänden Bilder von jungen Männern, die im Jugoslawienkrieg ihr Leben ließen: Tonio Bogdan, 1972 bis 1991, Josip Zuono, 1974 bis 1991. Ihre Blicke folgen dem Besucher durch den Raum. Auf Flatscreens sieht man Kriegsszenen, dazu spielt leise Geigenmusik. Wer diesen Raum verlässt, dem fehlen die Worte.

Am nächsten Morgen um sieben sind die Bewohner in der Altstadt noch unter sich. Ein Mann schleppt einen Zementsack durchs Stadttor, Autos sind hier verboten. Auf dem Marktplatz verkaufen Bauern Mandarinen, getrocknete Feigen, Honig aus eigener Zucht. Dubrovnik wirkt um diese Zeit wie ein Dorf aus einer alten Geschichte. Die Gassen führen steil zum Berg Srdj, der die Stadt flankiert. Seit die Seilbahn zum Gipfel wieder in Betrieb ist, müht sich kaum ein Tourist die steilen Stufen hinauf. Die Wege sind schmal, jeder Platz wird genutzt. Bäume wachsen an Häuserwänden.

Auf einer der wenigen freien Flächen bauen zwei Jungs ein Fußballtor auf; sie sind die einzigen Spieler. Vor dem Café »Cele« lehnt ein Kell-

ner und raucht. »Viele Häuser stehen leer«, erklärt er die gefühlte Einsamkeit an diesem Morgen und wischt dabei mit der Hand durch die Luft. »Reiche Engländer und Amerikaner haben sich in der Altstadt Wohnungen gekauft, die sie jedoch nur drei Monate im Jahr nutzen. In meiner Straße ist meine Nichte das einzige Kind.«

Der Zusammenhalt unter den letzten Einwohnern des alten Dubrovnik aber sei groß, auch wenn das Geschäft mit den Tagestouristen für jeden einzelnen von ihnen die wichtigste Einnahmequelle sei. An besonderen Tagen, erzählt er, treffen sie sich alle abends vor dem Rathaus. Dann singen sie gemeinsam, und wer eine Gitarre oder eine Mundharmonika dabei hat, fängt einfach an zu spielen. Die »Herren« Dubrovniks sind dann, was sie schon immer waren und noch heute am liebsten sind: unter sich.

MERIAN | **INFO**

Rundgang über die Stadtmauer
Ragusa, das heutige Dubrovnik, baute im 14. Jahrhundert seine berühmte Stadtmauer aus, um sich gegen Angreifer zur Wehr zu setzen. Die Mauer ist 1940 Meter lang, bis zu 23 Meter hoch und bis zu sechs Meter dick. Das fast vollständig erhaltene Bollwerk besitzt fünf Tore und führt an vier Festungen vorbei. Besucher können die Stadtmauer begehen und haben von hier oben einen beeindruckenden Blick über Altstadt und Adria bis zur Insel Lokrum. Der Hauptzugang zur Stadtmauer liegt am Pile-Tor im Westen der Altstadt. Eintritt: 10 Euro, inklusive Besichtigung des Fort Lovrijenac
www.dubrovnik-online.com

»Damit wir nicht ver

1991

Das alte Haus in der Široka
Ulica steht in Flammen,
Dubrovnik liegt unter Be-
schuss. Es ist der 6. De-
zember 1991, Nikolaustag.
Früh am Morgen war die
Stadt von serbisch-monte-
negrinischen Truppen
angegriffen worden, die-
ser Freitag gilt als trau-
rigster Tag in der jüngeren
Geschichte Dubrovniks.
Am Haus prangt heute eine
Gedenktafel. Ein Hausbe-
wohner hat den Text darauf
verfasst: Unter dem Titel
»Damit wir nicht vergessen!«
ist Folgendes zu lesen:
»Um 7.10 Uhr traf eine der
ersten auf die Stadt ab-
gefeuerten Granaten unser
Haus, um 7.20 Uhr setz-
te eine weitere es in Flammen. Ich versuchte, das
Feuer auf dem Dachboden
mit Eimern voller Wasser
zu löschen, ohne Erfolg. Die
Granaten fielen weiter,
wir mussten das brennende
Haus aufgeben. Ich trug
meine alte Mutter, 88, ins
Parterre und weiter
ins Nachbarhaus. Danach
rannte ich noch zweimal
in den zweiten Stock, um die
wichtigsten Dokumente
zu holen, dazu eine Lampe
und die Schuhe meiner
Schwester. Ich schaffte es
gerade noch ins Nach-
barhaus, mit einem Koch-
topf auf dem Kopf.« Der
Text endet mit den Worten:
»Gott sei Dank, dass
wir nicht verletzt wurden.«

gessen!«

Am Nikolaustag 1991 fallen Granaten auf Dubrovnik. Ein Mann rettet seine Mutter aus den Flammen in der Široka Ulica. Ihr Haus ist heute perfekt restauriert, ein Sinnbild für den Wiederaufbau der Stadt

2011

Die Steinfassade des ausgebrannten Hauses in der Široka-Straße ist gereinigt, die versengten Dachziegel sind ausgewechselt, Fenster und Wohnungen saniert. Die filigranen gusseisernen Balkongitter haben das Feuer überstanden und schmücken inzwischen wieder das Haus. Im Erdgeschoss hat die Kroatische Post eine Filiale eröffnet, als Gegenleistung für die zentralen Räume in der Altstadt beteiligte sie sich an den Kosten für den Wiederaufbau. Eine friedliche Gegend, keine Spur mehr vom Krieg. Am 12. November 1995 begann mit dem Abkommen von Erdut der Friedensprozess, in Dubrovnik machte man sich daraufhin an den Wiederaufbau der Stadt. Nicht nur die wichtigsten Sehenswürdigkeiten, sondern auch die Wohnhäuser in der Altstadt sind mittlerweile fast komplett restauriert. Der Mann, der vor zwanzig Jahren das brennende Haus mit dem Kochtopf auf dem Kopf verließ, arbeitet heute als Künstler. Sein Atelier hat der inzwischen 79-Jährige wieder in seinem Haus in der Široka Ulica eingerichtet. Es geht ihm gut.

Hoch am Wind. Die
Jacht zieht zwischen
Lastovo und Korčula
durchs Meer. Die »Riga«
nimmt Kurs auf die
dalmatinischen Inseln,
wo Segler noch
Häfen abseits des
Trubels finden

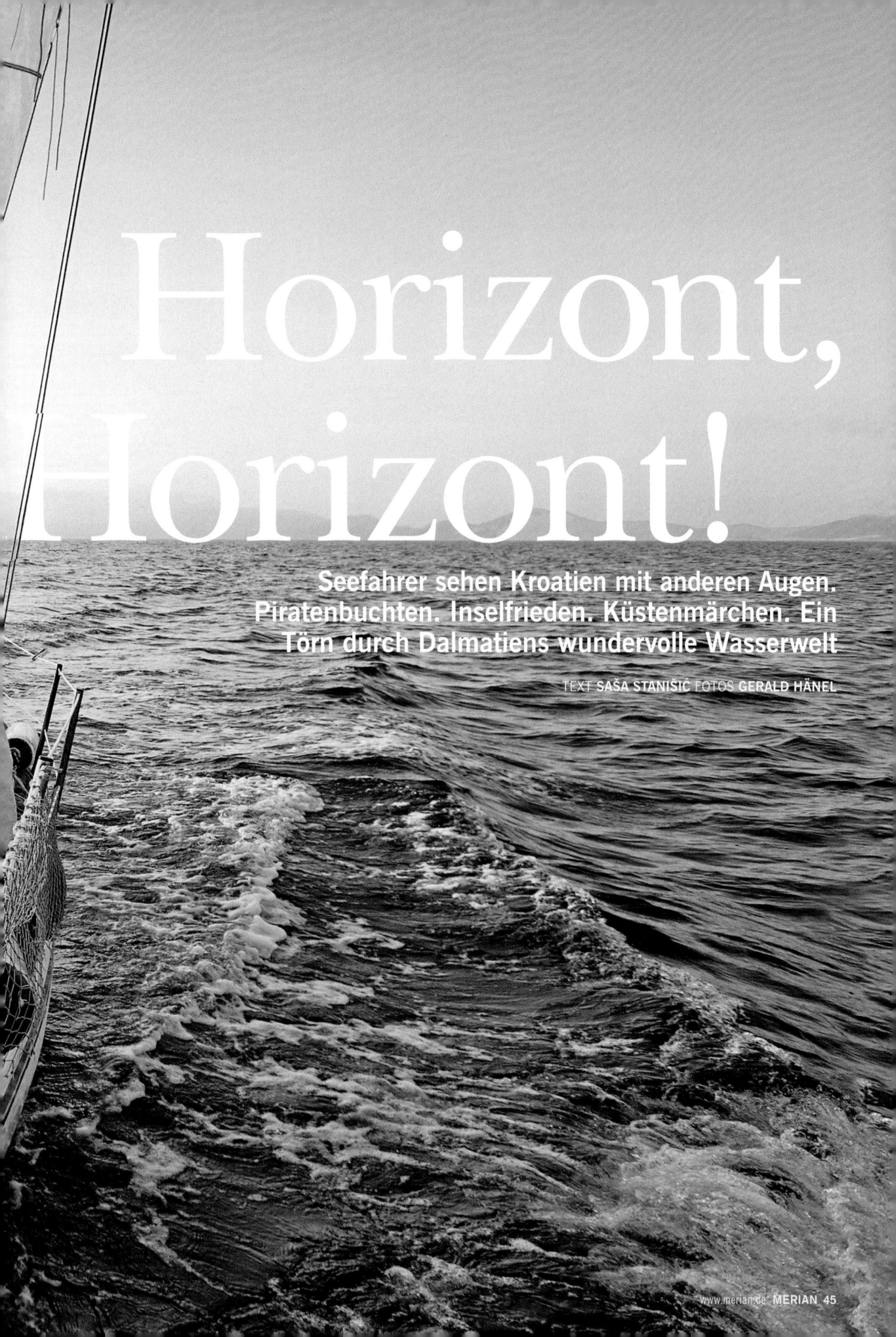

Horizont, Horizont!

Seefahrer sehen Kroatien mit anderen Augen.
Piratenbuchten. Inselfrieden. Küstenmärchen. Ein
Törn durch Dalmatiens wundervolle Wasserwelt

TEXT SAŠA STANIŠIĆ FOTOS GERALD HÄNEL

Die Crew im Hafen von Hvar bei heißer Suppe und dunklem Roten. Der Wein der Plavac-mali-Rebe gilt als das »Blut der Insel«

Skipper Jadran prüft die Schot am Vorsegel. Seine kleine, elf Meter lange Jacht ist perfekt, um flache Buchten anzulaufen

Wind, Weite, Abenteuer

Vom Festungshügel blickt man weit über Hvar. Vor dem Hafen erstreckt sich der »Hölleninsel-Archipel«, zwanzig wilde Felsen und Inseln

Der Blick auf die Seekarte zeigt die Vorzüge des Reviers: kurze Etappen zwischen den Inseln, viele geschützte Buchten bei jeder Windrichtung

Der Skipper sieht aus wie Hemingway. Der Bart voll, die Statur kräftig, die Rotweinflasche entkorkt. Ein kleiner Hafen in Split, er wartet auf mich, Fuß an der Reling, Pfeife zwischen den Zähnen: das Monument des nachdenklichen Matrosen.

Hemingways Segelboot heißt »Riga«. Ich lege mein Gepäck am Kai ab, viel zu viel habe ich dabei, der Skipper beäugt mich skeptisch. An der Stirn, um die Augen – die müden Furchen eines langen Lebens auf See. Oder einer langen letzten Nacht.

Der Skipper heißt wie seine See: Jadran – Adria auf Kroatisch. Ich reiche ihm die Hand, und die Furchen, der Bart, die Pfeife, Jadrans ganzer Körper, erwachen. »Wenn ich gewusst hätte«, er nickt in Richtung meines Gepäcks, »dass wir ein halbes Jahr unterwegs sein werden, hätte ich mehr Wein geladen.« Ein erstes Schmunzeln und mit der Pfeife eine einladende Geste: »Komm schon, ich zeig dir das Biest.«

Obwohl ich fast jeden Sommer in Dalmatien bin, wird dies mein erster Segeltörn. Wir sind zu dritt, mein Onkel hatte mir Jadran und seine »Riga« vorgeschlagen. »Zu den Inseln!«, rief er wie einer, der Soldaten in die Schlacht führt. »Eine Woche lang faul mit ein bisschen Kultur! Fischeintopf mit ein bisschen Salat! Wein und Poker mit Männern! Horizont, Horizont!«

September. Dalmatinischer Spätsommer, nicht zu heiß, wenig Touristen, und vor mir steht ein Skipper, der aussieht wie ein Skipper oder ein Dichter aussehen muss. Auch mein neues, elf Meter langes Zuhause verspricht Einiges. Jadrans abgerockter Einmaster sieht aus wie Siebziger-Jahre-Rock 'n' Roll. Innerlich aber ist er ein Stoiker, ein Oldie, dem man nichts vormachen kann. Winde aller Couleur und Kraft hat er schon gemeistert, sich bewiesen, steht noch, will noch, feiert noch. Wenn Boote rauchen könnten, hätte die »Riga« jederzeit eine Kippe lose zwischen den Lippen. Die Lederjacke mit Nieten wäre ihr Lieblingsoutfit.

Eine surrende Elektroniktafel, alte Segel und ein leckendes Beiboot. Ich schließe das sofort ins Herz, das nicht ganz Perfekte, das Abgenutzte. Sieben Tage wollen wir unterwegs sein und zu den Inseln segeln, in Jadrans Lieblingsbuchten festmachen. Das verspricht viel, wenn es von einem Mann kommt, der hier seit fünfzig Jahren unterwegs ist. Kaum ist die erste Rotweinflasche leer, kommt Wind auf. Gehisste Segel sind fantastisch. Der Wind singt, aber es ist gar nicht der Wind, es ist die Bootsschraube. Die zweite Flasche wird nicht entkorkt, ich bestehe darauf. Seekrankheit, Kotzen über die Reling, Schwäche zeigen vor den Männern. So was geht mir durch den Kopf. Ich ziehe an Seilen, wenn Jadran mir sagt, an Seilen zu ziehen.

Gut gelaunt passieren wir Mrduja, eine winzige unbewohnte Insel zwischen Brač und Šolta, die zwei Mal im Jahr groß rauskommt. Im Oktober ist sie bei der traditionellen Mrduja-Regatta Wendepunkt auf der Strecke Split-Mrduja-Split. Beim »Tauziehen um Mrduja« spielt sie die Hauptrolle. Sie ist der Grund, weshalb sich hunderte

Begehrte Plätze: Am Kai von Brač können nur zwanzig Jachten festmachen

Die »Riga« ruht, wir gehen baden

Männer von den benachbarten Inseln Brač und Šolta in traditionelle Kluft werfen und ein Massen-Tauziehen veranstalten. Rudernd, singend, trinkend lösen sie so die alte Streitfrage, wem Mrduja gehört. Der Gewinner darf sich ein Jahr lang rühmen, einen unbewohnten, aber keineswegs unsympathischen Felsen sein Eigen zu nennen.

Wir nehmen Kurs auf Hvar, wo Jadran seine Kindheit verbracht hat. Er nimmt mich mit auf eine Landpartie. Hvar sei keine Insel, vor der man einfach ankert und aufs Frühstück wartet. Man müsse ihr Herz schlagen hören, den Puls eines vierundzwanzig Jahrhunderte alten Mannes. Das Herz aber schlage in den Dörfern im Inneren. »Und das hier«, er reicht mir die Weinflasche, »das ist sein Blut.« Faros nennt sich der fast schwarze Rote, den wir seit Split trinken. Ein vollmundiger Wein aus der heimischen Rebe Plavac mali. Faros ist auch der antike Name von Stari Grad, dessen kleinen Hafen wir ansteuern. Der Hauptort Hvar ist ein Touristenmagnet mit einer oft vollen Marina; aber das möchte Jadran seiner »Riga« auf die alten Tage nicht mehr antun. »Höchstens auf dem Rückweg, und nur, falls sie wirklich guter Laune ist.«

Stari Grad liegt beschaulich in der Armbeuge einer weiten Bucht, landeinwärts in einer fruchtbaren Ebene, die schon im vierten Jahrhundert vor Christus von Griechen besiedelt wurde. In Stari Grad wartet Jadrans alter Yugo auf uns. Dem äußeren Anschein nach das älteste Auto des Universums. Es riecht nach Benzin, die Türen schließen nicht, der Auspuff klingt wie Joe Cocker an einem guten Tag. Jadran überholt den-

noch sofort einen Opel mit Stuttgarter Kennzeichen. Oberhalb von Stari Grad bleiben wir stehen. Im Osten erstreckt sich ein Flickenteppich in Rot, Grün, Gelb. Obstgärten, Weinberge, Olivenhaine, seit über zweitausend Jahren fast unverändert und teilweise noch immer durch die ursprünglichen antiken Mauern abgegrenzt.

Auf dem Friedhof von Dol legen drei ältere Frauen Mimosen und Wildblumen auf die Gräber ihrer toten Männer. Die Friedhöfe auf den Inseln haben oft beste Lage, man gönnt den Toten den schönsten Blick. Mit den Frauen lehne ich später an der Friedhofsmauer, wir trinken Kaffee mit den Toten, sehen schweigend auf die See.

In Pitve, einem verschlafenen Nest an der Nordseite von Hvar, gibt es selbstgemachten Walnussschnaps auf der Terrasse von Dvor Duboković. Das Wirtshaus überblickt einen Weinberg, die Reben im Wind wie Wellengang. Der Wirt ist nervös. Hajduk heute gegen Dinamo. Das ewige Duell Kroatiens, Split gegen Zagreb. »1:1«, sagt der Wirt und schüttelt den Kopf. Das Spiel verfolgen wir am Abend vor einem Café im Städtchen Vrboska. Die Fernseher wurden ins Freie getragen. Vor den Bars, in den Innenhöfen, sogar

vor der Kirche flimmern die Bildschirme. Davor Männer in Unterhemden, Kinder, Frauen, ein Orchester an erregten Rufen schallt durch die Nacht. »Naprid, Bili!«. Immer wieder: »Vorwärts, die Weißen!«

Am frühen Morgen schwebt der Duft vom frischen Kaffee über dem Hafen. Zwischen den Jachten schlängeln sich die Fischerboote von der See zurück. Wortkarge Männer mit Mützen tief im Gesicht und Gesten als Antwort auf alle Fragen nach Fang und Meer. Einer nach dem anderen nehmen dann die Segler Abschied. Die Stimmung ist munter; man grüßt, erkundigt sich nach den Tageszielen und nach dem Wind. Möwenrufe. Das 1:1 kein schlechtes Ergebnis für Hajduk.

Von Hvar aus steuern wir den Hölleninsel-Archipel an. Jadran lenkt die »Riga« in versteckte Buchten, zu leeren Sandstränden. Das Meer alterniert zwischen delikatem Türkis und Ultramarin, wo es tiefer und schattiger wird. Ich habe das Gefühl, in einen Werbeclip für mediterranen Sommer hineinzuspringen. Ich schwimme in zikadenschwerer Mittagshitze. In einer winzigen Bucht der Insel Ždrilca ankert eine einzelne Jacht. Ein Junge hat eine Angel von Bord ausgeworfen und wartet. Wir tuckern vorbei, er sieht kurz auf, das ist alles. Die Zeit hält sich auf, verweilt im Duft von Rosmarin und Harz, möchte gar nicht weiter.

So entspannt und leer wie jetzt sei es in der Hochsaison nicht, erzählt Ivo, ein Fischer auf St. Klement, der größten Insel des Archipels. Er sitzt am Rand der Marina Vinogradišće und nimmt seinen Fang aus. Im Juli habe er

hier mal fünfzig Boote gezählt. »Wie Sardinen! Stürmischer Südwind, ein paar unerfahrene Skipper, ging ganz schön drunter und drüber. Ich schwöre, an dem Tag habe ich in zehn Sprachen fluchen gelernt.« Ich bringe Ivo einen Walnussschnaps. Er legt das Fischmesser weg, wir stoßen an. Auf seinem Handrücken glänzen Schuppen. Am Abend erreichen wir Šćedro. Die See plätschert in der Dämmerung vor sich hin, alles ist ruhig, bis sich unvermittelt Operngesang aus einem der Steinhäuser auf der Insel über die Bucht legt.

Dreißig Leute leben in den warmen Monaten hier, nur die Hälfte bleibt das ganze Jahr. Sie vermieten Apartments an Touristen, fischen und – singen Opern. Das Restaurant der Familie Kordić ist das einzige in der Bucht. Pavao, der junge Besitzer, fängt das Fischmenü jeden Tag selbst. Danach gibt es Kräuterschnaps. Die Gewässer um Šćedro sind noch nicht überfischt. Pavao bereitet die Köder für den Nachtausflug vor. Dutzende Haken auf einem Seil bestückt er mit Sardellen und hängt sie um einen Eimer. *Parangal* nennt sich die Art zu fischen, das Seil wird er später auf den Meeresgrund lassen. Eine graue Katze schleicht um seine Beine.

Auf Korčula liegen wir zum ersten Mal in einer großen Marina. Hunderte Bootsmasten wie Ausrufezeichen. An der Seepromenade der sonore A-capella-Gesang eines Männerchors: »Nur der See glaube ich, nur der Welle, der Ebbe, der Flut Wenn alle mich verlassen, die See breitet aus die Arme für mich.«

Das Stadtgefühl ist ein museales. Vor Mauern, Fassaden, vor der schwarz gekleideten Gemüseverkäuferin möchte

Nach dem Landgang folgen die abendlichen Rituale. Kochen. Wein. Geschichten. Poker. Das ist Bootsglück

ich einige Schritt zurückgehen, um mir alles wie in einer Ausstellung zu betrachten. Ein Plakat am Tor zum städtischen Museum trägt passend den Satz: »Old is nice.« Mit Stein aus Korčula wurde das Weiße Haus gebaut. Vielleicht aber auch nicht. Marco Polo ist in Korčula geboren. Vielleicht aber auch nicht. Die Insulaner selbst lachen verschmitzt, wenn man sie fragt, was wahr sei, was Legende. Die beste Antwort bekomme ich auf dem Markt von einer Blumenverkäuferin: »Wäre Marco auf Korčula geboren, wäre er niemals Entdecker geworden. Was gibt's Schöneres als uns?«

Am fünften Tag erreichen wir Mljet, eine Insel wie aus einem Traum. Auf der Insel liegt ein See, auf dem es wiederum eine Insel gibt. Und Odysseus war hier, erzählt Jadran. Mythen über den Mythos. Mljet sei die Insel, auf der Odysseus mit der Nymphe Kalypso herumgemacht habe, bis seine Sehnsucht nach Heimat zu stark wurde.

Eine Fähre bringt mich nach St. Maria, der Insel auf dem See auf der Insel. Im Innenhof des Klosters tanzt ein älteres Pärchen im Schatten eines Orangenbaums. Wie einst Kalypso und Odysseus vielleicht. Die Musik kommt aus einem kleinen Transistorradio. Billie Holiday. Es ist ein Traum. Zurück an Bord bringt mir Jadran Knoten bei, erklärt mir die Winde. Meine Stimme kommt mir tiefer vor als zu Beginn des Törns. Mein Bart gelingt mir langsam. Der Alltag auf dem Boot ist meditativ. Frühstück, Ablegen, Karten spielen, Inselgeschichten, Tauchpartie, Mittagessen, Geschirr, Segel setzen, Kommunismusgeschichten, Schwimmpartie, Anlegeprozedur, Ortsvisite, Abendessen, Schnarchpartie.

Im Lastovo-Archipel ankern wir vor einem alten Marinetunnel der jugoslawischen Volksarmee. Bis in 1989 war die Insel Sperrgebiet. Wir sehen verlassene Kasernen, eingestürzte Bunker und leerstehende Lagerhallen. Die Natur nimmt sich zurück, was ihr beliebt. Die Vegetation auf Lastovo mutet anarchisch an. Das Unberührte als Marke. Möge es so bleiben, sagt mein Onkel. Auch das Dorf Lastovo wirkt in sich gekehrt, sonntäglich öde auch ohne Sonntag. Vor einem Wirtshaus

Inseln mit Seen, Seen mit Inseln

sitzen Männer in Unterhemden auf weißen Stühlen, spielen Domino.

Nachthimmel: Sterne, irre viele. Die Sternschnuppen erwischt man am besten knapp über dem Horizont, sagt Jadran. Er und Onkel sprechen über die Siebziger an der Adria. Als Tito noch lebte, der Kommunismus noch Hoffnung war. Als in Jugoslawien Rock'n'Roll gemacht wurde. Als Skandinavierinnen ihre prüden Masken nach einem Tag in der dalmatinischen Sonne abnahmen. Als die See nicht überfischt war, die Inseln nicht mit hässlichen Villen verbaut waren. Als noch nicht die halbe Küste von Russen weggekauft war. Ich sehe vier glänzende Augen.

Am nächsten Morgen treten wir die zweitägige Rückreise nach Split an. Der Wind ist uns gewogen, Jugo aus Südost, stetig, ohne Böen, der Himmel metaphernlos blau. Ich darf das Ruder übernehmen, die »Riga« wirkt mit aufgefierten Segeln beschwingt, als freue sie sich auf zu Hause. Später weht Maestral aus Nordwest, bringt frische Luft mit, klare Sicht bis zum Horizont. Jadran setzt sich zu mir. Ich soll das Boot kreuzend gegen den Wind steuern, mehr sagt er nicht, lässt mich machen, lehnt sich zurück, stopft seine Pfeife. Mein Onkel kommt aus der Kajüte, Hvar zeichnet sich in der Ferne ab, die Wellen kräuseln sich vor uns, als hätte das Meer Gänsehaut. »Hätte es die ›Riga‹ in meinem Leben nicht gegeben«, sagt Jadran, Blick Richtung Hvar. Er beendet den Satz nicht. Onkel entkorkt den letzten Rotwein, wir stoßen an, Jadran benetzt die »Riga« mit ein paar Tropfen. Sie trinkt mit.

Dann platzt es aus mir heraus: »Mann, es ist so wahnsinnig schön!« Die Männer brechen in Gelächter aus, fragen, was schön sei. »Das alles«, sage ich, hilflos, mehr fällt mir, dem Schriftsteller, nicht ein. Ich meine die kleine Mrduja, um die gestritten wird, den Walnussschnaps, den Jungen mit der Angel, ich meine die gespenstischen Bunker auf Lastovo, den dünnen Kaffee an Bord, ich meine Jadrans Pfeife. Nichts davon spreche ich aus. Die Männer nicken.

Die »Riga« ist guter Dinge, wir legen in der großen Marina von Hvar an. »Komm mal mit«, sagt Jadran und führt mich durch den Hafen. Mondäne Jachten fläzen sich vor den Palästen, an der Promenade fließt Eis-Cappuccino. Jadran interessiert das alles nicht, erst in einer unscheinbaren Gasse abseits des Trubels bleibt er vor einem Tor stehen. »O realta quanto e bella!« steht dort. In Stein gemeißelt.

O Wirklichkeit, wie bist du schön. »Das alles«, sagt Jadran. ∎

Saša Stanišić *wurde 1978 in Bosnien geboren. Heute schreibt er Romane, Essays und Erzählungen auf Deutsch. Für MERIAN wagte er sich das erste Mal längere Zeit auf See.*

Blau machen

Kroatien bietet Seglern und Novizen zur See beste Möglichkeiten. Wunderschöne Reviere, viele Charterbasen sowie Buchten, Inseln und Häfen für jeden Geschmack. Willkommen an Bord!

Kroatien ist ein Paradies für Segler und eines der beliebtesten Reviere im Mittelmeer. 54 größere Jachthäfen sowie mehr als 3650 Liegeplätze stehen Seglern am Festland zur Verfügung. Hinzu kommen über 21 000 Anlegestellen in Ankerbuchten, zahllose Fischerhäfen und Stege, die Sportboote nutzen können. Ein herrliches Wasserreich vor allem für Charterer, die sich für ein oder zwei Wochen eine Jacht mieten, um die Inseln und Küsten zu entdecken. Für den Urlaub zur See stehen 3500 Jachten an Charterbasen im ganzen Land parat, im Schnitt werden pro Jahr 55 000 Schiffsvignetten an ausländische Nautiker verkauft. Die meisten größeren Marinas mit Duschen und Serviceshops liegen in der Kvarner Bucht, insgesamt sind es hier 32. In der Region Zadar gibt es 24, in Istrien 14, um Dubrovnik fünf und in den Regionen Šibenik-Knin und Split jeweils elf Häfen für Segler.

Gleich davor wartet ein herrliches Revier. Klares Wasser, viele Inseln und eine lange, verwinkelte Küste mit Buchten zu jeder Seeseite: Segler können nach Belieben ankern, kurze Tagesetappen planen und finden windgeschützte Buchten in Lee zum sicheren Ankern. Im Frühjahr und Herbst weht in der Adria der Scirocco, im Sommer oft ein lauer Seewind. Bei bestimmten Wetterlagen setzt die Bora ein – teils mit stürmischen Winden. An Land gibt es alles für die Segelferien: Hafenrestaurants, Supermärkte für die Proviantierung und viele Möglichkeiten für Ausflüge.

Segeln für jedermann

Wer in Kroatien segeln will, kann sich bei entsprechender Qualifizierung (deutscher Sportküstenschifferschein) eine Charterjacht mieten. Auch unerfahrene Gäste sind auf vielen Törns willkommen und können sich an Bord eine Koje mieten – oder mit Freunden eine Jacht mit Skipper chartern.

Die besten Reviere
Kvarner Bucht
Die riesige Bucht liegt günstig für alle, die mit dem Auto zur Charterstation anreisen wollen. Die vielen Inseln bieten geschütztes Segeln, viele kleine Hafenstädte, sehenswerte Landgänge, alte Kultur und gute Gastronomie.

Kornaten
Die Inselgruppe ist weitenteils Nationalpark, wild und einsam. Wer hier segeln will, sollte es können, er braucht ein Zugangsticket und muss sich an Vorschriften halten. Ankern und Übernachten im Nationalpark ist nur in 16 Buchten erlaubt. Einmal im Jahr findet hier eine bekannte Regatta statt, der Kornati Cup (www.kornaticup.at).

Südliche Inselwelt
Vor Split und Dubrovnik liegen viele schöne Inseln mit kleinen Hafenstädten, Buchten. Zudem gibt es in Split und Dubrovnik große Jachthäfen in der Nähe der bekannten Altstädte.

Charterstationen
In Kroatien vermieten über 50 Charterstationen Segeljachten. Sie liegen in den Häfen von Istrien bis in den tiefen Süden. Die Kosten liegen je nach Jacht und Saison bei rund 1000 bis 4000 Euro pro Woche für das gesamte Boot.

Ausgewählte Anbieter
www.croatia-yachting.hr
www.yachtcharterkroatien.de
www.yacht-base.com
www.croatiacharter.com
www.vip-yachting.info

Freiheit: Eine Jacht quert die Meerenge vor Pelješac. Die Segelsaison dauert von März bis November

Ingredienzen. Das große Buch der Zutaten. Von Loukie Werle u.a. Königswinter 2005. Was verbirgt sich hinter der Schale eines Zimtapfels? Wofür verwendet man grünen Meerlattich? Wie sollen Reisnudeln nach dem Kochen aussehen? »Ingredienzen. Das große Buch der Zutaten« beantwortet solche Fragen und ist ein interessantes und unverzichtbares Nachschlagewerk für jeden Koch und alle, die gern essen. 27,7 x 21 cm, 384 Seiten, über 2000 farbige Abbildungen, pb. Sonderausgabe. **Früher 29,95 € jetzt nur noch 9,95 € Versand-Nr. 310875**

40.000 Meisterwerke. Malerei, Zeichnung, Grafik. Die größte Kunstsammlung, die man kaufen kann! Alle Abbildungen dieser größten jemals erschienenen digitalen Bildersammlung lassen sich aus dem Programm drucken, in eigene Bild- oder Textverarbeitungsprogramme übernehmen und weiterbearbeiten. Sie können lizenzfrei in eigenen Dokumenten für die private Nutzung eingesetzt werden. Mit kompletter Künstler- und Werkdatenbank. Box mit zwei DVD-ROMs. **Früher 49,90 € jetzt nur noch 9,95 € Versand-Nr. 468061**

Kitsch. Balsam für Herz und Seele. Von Gabriele Thuller. Stuttgart 2007. Was ist eigentlich Kitsch? Aus welchen historischen Wurzeln wird er gespeist? Worin unterscheidet er sich von Kunst? Die Autorin geht auf originelle und unterhaltsame Weise auf diese Fragen ein und entwirft in dem hervorragend bebilderten Band ein umfassendes Panorama zu einem begeisternden wie viel geschmähten Phänomen unserer Kultur. 20 x 24,8 cm, 144 Seiten, 150 Farbabbildungen, geb. **Früher 19,95 € jetzt nur noch 7,95 € Versand-Nr. 378429**

Hokusai. Von Gian Carlo Calza. Berlin 2006. Katsushika Hokusai (1760–1849) gilt als der bedeutendste Vertreter der japanischen Holzschnittkunst in der Ukiyo-e-Tradition. Neben seinen weltberühmten Holzschnitten, wie zum Beispiel den 36 Ansichten des Berges Fuji, die als Ikonen der Kunstgeschichte gelten, schuf er auch Gemälde, schrieb und illustrierte Romane und prägte den bis heute populären Begriff des Manga. Sein Werk hatte einen tiefgreifenden Einfluß auf westliche Künstler. Der Umfang des Prachtbandes und die Qualität der Reproduktionen sind überwältigend. 26 x 30 cm, 520 Seiten, 700 Abb., davon 500 in Farbe, geb. **Früher 95,00 € jetzt nur 49,95 € Versand-Nr. 362565**

Bildschöne Bücher zu Kunst, Design und Kultur exklusiv bei

FRÖLICH & KAUFMANN

Die großen Maler der italienischen Renaissance. Broschierte Sonderausgabe. Hg. von Eberhard König. Potsdam 2010. Das Konzept der Bände orientiert sich an Vasaris Unterscheidung von »Disegno« und »Colore«. **Band I: Der Triumph der Zeichnung. Von Giotto und Duccio zu Botticelli und Michelangelo. Band II: Der Triumph der Farbe. Von Leonardo und Raffael zu Tizian und Caravaggio.** Die Berücksichtigung neuer Forschungsergebnisse, ein ausführlicher Anhang mit tabellarischen Informationen zu den Lebensstationen der Maler und den geschichtlichen Entwicklungslinien sowie eine Bibliographie runden den Doppelband ab. Ein für Kenner und Kunstinteressierte unverzichtbares Kompendium zur Kunstgeschichte Italiens. Zwei Bände, 26,8 x 31,2 cm, 1300 S., 2000 Farbabb., pb. **Früher 159,00 € jetzt nur noch 29,99 € Nr. 488895**

Englische Gärten. Berlin 2009. Eine leicht zugängliche Übersicht über 100 berühmte englische Gärten, angelegt vom 16. Jh. bis heute – von den geometrischen Gärten der Renaissance bis zu zeitgenössischen Schöpfungen. Jeder der zauberhaften Gärten wird anhand einer repräsentativen Abbildung und einem begleitenden Text über den Designer, Mäzen oder Schöpfer des jeweiligen Gartens vorgestellt und historisch eingeordnet. Das Buch ist im Anhang mit einem ausführlichen Glossar der Fachbegriffe versehen. 25 x 29 cm, 112 Seiten, 100 Abbildungen, davon 80 farbig, geb. **Früher 19,95 € jetzt nur noch 9,95 € Versand-Nr. 522511**

Wunderbare seltene Dinge … Die Darstellung der Natur im Zeitalter der Entdeckungen. München 2008. Die Entdeckung neuer Länder und Kontinente brachte im 16. und 17. Jh. nicht nur das Weltbild des Alten Europa ins Wanken, sie löste auch eine unglaubliche Sammelleidenschaft und Neugierde auf alles Fremde und Exotische aus. Die schönsten, auch kuriosesten Blätter aus dem reichen Fundus der Royal Library at Windsor Castle! 19,5 x 24,2 cm, 224 S., über 100 Abb., meist farbig, geb. **Früher 49,80 € jetzt nur noch 14,95 € Nr. 406767**

Frauen und ihre Refugien. Von Stefanie von Wietersheim. München 2010. Ein Ort der Entspannung, der kleinen Auszeit, oder einfach zum Träumen – all dies und noch viel mehr kann das persönliche Refugium darstellen. Die Autorin und die Fotografin besuchten 21 Frauen und gewähren uns einzigartige Einblicke in ganz persönliche Räume und spektakuläre Rückzugsorte. Ob Schreibzimmer oder Boudoir, Wintergarten oder Veranda – die Fotografien dieses Buches inspirieren und zaubern ein Lächeln ins Gesicht. 21,5 x 28 cm, 168 Seiten, 250 Abb. in Farbe, geb. **29,95 € Versand-Nr. 483680**

Die große Abenteuer-Hörspiel-Kiste. 10 CDs. München 2010. Defoe: Robinson Crusoe, Dickens: Oliver Twist, Dumas: Die drei Musketiere, Stevenson: Die Schatzinsel, Twain: Huckleberry Finns Abenteuer. Lassen Sie die Klassiker der Abenteuerliteratur aufs Neue lebendig werden. Lauschen Sie den hervorragenden Sprechern Chr. Stark, M. Semmelrogge, U. Pleitgen, genießen Sie über 10 Stunden atemberaubendes Hörspiel-Kino. Es könnte sein, dass Ihre Kinder auch mithören wollen! 10 Audio-CDs in Box. **Früher 74,75 € nur noch 14,95 € Versand-Nr. 518832**

im handlichen 128-Seiten Katalog, prall gefüllt mit Büchern zu Kunst und Kultur. Alle 14 Tage neu und immer ein großes Vergnügen.

Bestellungen per Telefon 030 / 469 06 20, per Fax 030 / 465 10 03 oder per E-Mail: art@froelichundkaufmann.de

Die größte Datenbank für Bildbände mit über 43.000 lieferbaren Titeln finden Sie unter

www.froelichundkaufmann.de

Versandkatalog

FRÖLICH & KAUFMANN

Sonderangebot: Eames • Gartenkunst • Paris • Koller Michelangelo • Hokusai

www.froelichundkaufmann.de

Ein Schatz na

mens Istrien

Die herzförmige Halbinsel ist italienisch und
kroatisch, mit einer großen Portion Habsburger Noblesse.
Ein Landstrich mit vielen Gesichtern

TEXT **BERTRAM JOB** FOTOS **ARTHUR F. SELBACH**

Ein üppiger Villengarten in Opatija: Der Ort an der Ostküste war seit Mitte des 19. Jahrhunderts österreichisch-ungarisches Luxus-Seebad

Prunk in Poreč: Auch an der Westküste bauten sich wohlhabende Wiener historisierende Häuser

Wien trifft Mittelmeer

Auf der kleinen Insel Vanga im Westen des Brijuni-
Archipels hatte Marschall Tito eine Villa. Der erste Präsident
des freien Kroatien, Franjo Tudjman, übernahm
sie als Sommerresidenz, die Insel heißt heute Krasnica

Das Meer ist die Bühne

Rovinj: In der Bar »Valentino« sitzt man zum Sundowner auf den Uferklippen

Der Morgen beginnt mit Fisch: im Hafen von Rovinj

Kirchturm von Hum, mit 23 Einwohnern gilt der Ort als kleinste Stadt der Welt

Der barocke Balbi-Bogen in Rovinj: Unter dem Giebel lauert der geflügelte Löwe Venedigs

Das Meer zu Füßen: Treppengasse in Rovinjs Altstadt

Publikumsmagnet seit Römerzeiten: das Amphitheater in Pula

Am Sonntagmorgen gehört die Terrasse vor der Cafébar »San Antonio« in Pula noch den Männern mit den alten Pullovern. Von hier oben hat man einen grandiosen Blick ins weit ausgreifende Rund des Amphitheaters. Doch kaum einer schaut hin, die meisten haben sich mit dem Rücken zum Weltkulturerbe gesetzt, um unbehelligt von der Sonne die Sportseiten zu studieren. Hajduk nur 1:1 in Karlovac, Istra 1961 heute in Zagreb krasser Außenseiter.

»Die Römer haben gepfuscht, die Reihen der Steine sind nicht gleich groß, sie haben an mehreren Stellen kleinere genommen. Zum Beispiel da in der Mitte, siehst du?« Das sagt Luciano, den alle hier Lucky rufen. Er kennt die Arena schon sein ganzes Leben, so gut, dass er sie gar nicht mehr ansieht. Ihr Bild ist in seinem Kopf. »Ich schaue meist nur noch hin, um durch die offenen Bögen aufs Meer zu sehen, seine Farbe verrät, welches Wetter wir kriegen.«

Manchmal ist gleich der erste Mensch, dem man in einer fremden Stadt begegnet, ein echter Gewinn. Lucky Luciano, große Hände, grau melierter Bart, ist so ein Mensch. Einer der von früher erzählen kann: »Als Jugendliche sind wir mal mit unseren Rädern auf der obersten Galerie gefahren.« Lucky grinst. »Da kamen gleich mehrere Polizisten hinter uns her. Wir waren natürlich schneller.«

Durch Luckys Augen sieht man die sechstgrößte römische Arena ohne die falsche Ehrfurcht des aus dem Bus gekippten Tagesbesuchers. Schon ein

Gang durch die weiten Katakomben reicht aus, um die Todesangst der Männer zu erahnen, die vor mehr als 20 000 Zuschauern um ihr Leben kämpften. Heute sind es Sting, Anastacia, Pavarotti und das internationale Filmfest, die an den langen Sommerabenden die Massen anziehen.

Lucianos Leben erzählt vom ewigen Ankommen, Weggehen und Zurückkommen in Istrien. Ein italienischer Vorname ist in der von Rom, Venedig und Triest beeinflussten, jahrtausen-

nommen noch ein Stück nördlicher an der Bucht von Muggia beginnt – und die gehört zu Italien, dessen Einflüsse überall an der Westküste besonders stark zu spüren sind.

Fast 3500 Quadratkilometer Karstland umfasst dieses Istrien, das mit über 2000 Sonnenstunden im Jahr und ureigener Geschichte glänzt. Nach dem Ende der römischen Herrschaft gehörte es zur Mark Aquileia, die vom Frankenkönig Otto I. an Bayern und Kärnten überging, danach zum Osten

der Altstadt winden sich vom Hafen bis zur Kirche der Heiligen Euphemia hinauf. Von ihrem Turm sieht man das ziegelrote Patchwork der Dächer, einige der vielen vorgelagerten Inseln und den Küstenstreifen, an dem die »Straße der Oliven« verläuft. Und die letzten traditionellen *batanas*, die Holzboote der Fischer, die sich im Hafen zwischen den Motorschiffen behaupten.

Das alte Rovinj wird vor allem im Sommer heftig bedrängt, aber nie wirk-

Ein ewiges Kommen und Bleiben

dealten Hafenstadt nichts Besonderes für ein Zuwandererkind. Lucky hat Istrien für ein paar Jahre verlassen, auch das ist normal, er arbeitete in westdeutschen Druckereien. Vom guten Lohn ging leider zu viel auf Pferderennbahnen zwischen Bahrenfeld und Iffezheim drauf.

»Zwei Mal in meinem Leben war ich fast schon reich«, lacht Lucky und nestelt einen gefalteten deutschen Wettschein aus seinem Portemonnaie. »Und zwei Mal habe ich fast alles verloren. Aber egal!«

Irgendwann kam er zurück, und auch das ist hier normal. Viele, die in die Ferne ziehen, dorthin, wo bessere Löhne gezahlt werden, kehren nach ein paar Jahren wieder heim. Lucky Luciano muss, selbst wenn es Winter wird, die Sonne auf seinem Pullover spüren können. Und die plötzlich aufkommenden Winde, die vom Meer zum Land ziehen oder umgekehrt: die Bora, den Jugo, den Maestral. Wer sich passend anzieht, kann kaum unglücklich werden in diesem Landstrich, der einem so oft wie ein eigenes, völlig unabhängiges Land vorkommt.

Istrien ist Kroatien, fast drei von vier Menschen in dieser Gespanschaft sind Kroaten – Resultat auch einer ethnischen Säuberung, die nach dem Zweiten Weltkrieg neunzig Prozent der italienischen Einwohner durch Drangsalierung, Deportation und Morden vertrieb. Istrien ist aber auch Slowenien, das im Norden am Golf von Triest lecken darf. Und trotz allem immer noch *un pochino d'Italia*, weil die Halbinsel genau ge-

Venetiens, zum Königreich Illyrien, und zur österreichische Markgrafschaft Istrien und Julisch-Venetien. Ein europäischer Korridor, in dem jede Regentschaft ihr Stück zum großen Mosaik des istrischen Charakters beitrug.

Wer diesen Landstrich heute richtig verstehen will, sollte den Männern mit den alten Pullovern zuhören. Sie gehören zu diesem Land, wie all die römischen Tempel und Tore, die venezianisch-schlanken Türme und die hellen Felsen an der unverschämt blauen Adria. An den beschaulichsten Stellen dieser Halbinsel sitzen sie wie postiert, um dort gleichmütig in die Sonne zu blinzeln. Man findet sie in den Cafébars von Pula ebenso wie auf dem belebten Markt in Rovinj, der nicht stärker an Venedig erinnern könnte – Händler, Tauben und Treppen, das ganze Leben reicht fast überall bis runter ans Meer.

Hier lächelt Meidi seit zehn Jahren jeden Menschen an, der sich für seine Oliven, den Käse und das Pesto mit den Trüffeln interessiert. Trüffeln aus dem Tal der Mirna im Landesinnern, erklärt der untersetzte Mann, »das sind die besten der Welt«. Meidi ist gebürtiger Albaner, vor dreißig Jahren kam er mit einem kleinen Koffer aus dem Kosovo nach Rovinj. Diese Stadt sei ein Hafen, in dem alle ihr Glück versuchen dürfen, daran glaubt Meidi: »Istrien ist für alle. Leute kommen, Leute bleiben. Nur Touristen gehen.«

Rovinj liegt dreißig Kilometer nördlich von Pula, ein perfekter mediterraner Traum. Die schmalen Gassen

lich erobert. Rund ums Hafenbecken ist gegen Abend immer noch ein Platz vor den Cafés, Bars und Eisdielen frei. Denn am Ende des Tages sowie ab Herbst ist die Altstadt zwischen den drei erhaltenen Stadttoren wieder fest in der Hand von Männern wie Meidi.

Nur eine Busstunde nördlich liegt das steinalte Poreč. Hier schaut Semir auf den endlosen Strom der Passanten, die sein Eiscafé wie ein Zollhaus passieren. Genau an dieser Stelle beginnt nicht nur die Flaniermeile Decumanus, die einige Meter über einer römischen Handelsstraße liegt, sondern auch jener historische Teil der Stadt, der komplett zum Weltkulturerbe wurde. Wer auf dem Weg zur Euphrasius-Basilika mit den byzantinischen Mosaiken, dem Glockenturm oder den Resten zweier römischer Tempel ist, hält ganz automatisch bei Semir, dem Mann im leichten Pullover. Denn Semir macht das beste Eis in Poreč, so heißt es, »und das macht mich stolz«.

Wohlstand war nicht zu erwarten, als er mit seinen Eltern vor 41 Jahren aus Mazedonien kam. Heute fährt er mit Sohn und Neffen, die ihm über die Saison zur Hand gehen, jeden Winter zum Skifahren nach Mazedonien. Alles würde sogar noch besser laufen, glaubt Semir, wenn er nur das Fenster im Laden vergrößern könnte. »Aber seit wir unter Denkmalschutz stehen, wird so gut wie keine Baumaßnahme mehr genehmigt.« Ein Luxusproblem, denn der Ruf des unveränderbaren, alten Hafenstädtchens ist für die Gewerbetreibenden zwischen Decumanus und Promenade die beste Umsatzgarantie. So setzt sich die West-

Istrien, ganz wild. Das von Wein umrankte Dörfchen Motovun im Hinterland ist für seine Trüffeln bekannt

küste mit ihren Eiscafés, steinernen Gassen und Glockentürmen nach Norden fort. Das mittelalterlich geprägte Novigrad mit den pinienbewehrten Stränden, die Altstadt von Umag – architektonische Schmuckstücke, lauter »Perlen am Kopfe einer schönen Frau«, wie Cassiodor, Vertrauter des ostgotischen Königs Theoderich, vor 1500 Jahren befand.

Dieses Istrien kann sich verwandeln. Es zeigt verschiedene Gesichter. Im Süden am zerklüfteten Kap unterhalb von Pula, dem Rt Kamenjak, trägt es stille, in sich gekehrte Züge. Wunderschön, aber einsam bleibt das Land die ganze Ostküste entlang nach Rijeka hinauf.

Nur wenige, kleine Straßen winden sich hier über die abrupt ins Meer fallende Karststeinkante; Leuchttürme illuminieren abends ein Naturparadies. Sie bieten einen großartigen Rundblick über die bewaldeten Hügel und auf die vorgelagerten Inseln. Lebhaft wird es erst hinter der Bucht von Rabac. Hier stehen gleichförmige Hotelressorts mit Billigtarifen, aber wer genau hinsieht, kann auch hier noch den Felsen abgetrotzte, einsame Badenischen entdecken.

Ein kleines Stück weiter Richtung Norden wird Istrien auf einmal mondän. Eine Riviera mit Lorbeeren, Palmen, Diskotheken, Kasinos und Fünfsternehotels. Lifestyle und Wellness werden großgeschrieben von Lovran bis Opatija. Wo einst der k.u.k. Adel einen pompösen Kurtourismus in Gang setzte, urlauben heute Italiener, Osteuropäer und saturierte Ruheständler.

»Die Russen kriegen wir nicht mehr«, sagt der Rezeptionist im »Hotel Kvarner«, das 1884 erste Adresse an der östlichen Adria war – ganz auf die Herrschaften ausgerichtet, die samt Hutschacheln und Hündchen mit der k.u.k Südbahngesellschaft via Triest anreisten. »Die Russen brauchen mehr Luxus und Shopping-Areas. Aber dafür müssten wir das Haus gründlich renovieren.«

Man muss nicht jeden mögen, der an Opatijas überlasteter Hauptstraße am Nachmittag feinste Frauen, Uhren und Kaschmirpullis ausführt. Das Heilklima im Rücken des nahen Gebirges steht schließlich jedem offen – ebenso wie die entspannte Wanderung auf der zwölf Kilometer langen Uferpromenade Lungomare, die seit hundert Jahren von Volosko nach Lovran

Ein Englischlehrer in Pula

Die Hafenstadt erschien dem irischen Schriftsteller als »maritimes Sibirien« – was vor allem an seiner eigenen Unzufriedenheit lag

Der Mann vor dem Café »Uliks« am Trg Portorata sitzt still und starr. Samt Hut und Spazierstock ist er in Bronze gegossen. Die Ruhe selbst. Zeitlebens war es für James Joyce allerdings kaum so besinnlich im österreichisch regierten Pola, dem heutigen Pula. Als der noch kaum bekannte irische Schriftsteller hier im Oktober 1904 mit seiner Lebensgefährtin Nora Barnacle eintraf, trieb ihn die blanke Not. Man hatte den 22-Jährigen nach Triest geschickt, weil dort angeblich die Stelle eines Englischlehrers zu vergeben war – leider ein Irrtum. Dafür vermittelte ihm der Direktor der örtlichen Berlitz-Schule eine Stelle in Pula. Bis März 1905 unterrichtete Joyce am Trg Portorata Offiziere der Kriegsmarine.

Dass er durch die Cafés zog, war nicht zuletzt eine Flucht vor elenden Verhältnissen. Das Paar lebte »in einem möblierten Zimmer mit Küche, umgeben von Töpfen, Pfannen und Kesseln«, wie James seinem Bruder Stanislaus alias Stannie aus der Via Giulia 2 schrieb, (heute Laginjina Ulica): »Es ist bitter kalt, und wir haben keinen Ofen. Ich schreibe hauptsächlich in den Cafés.« Das Geld war stets knapp, Nora bald »schwanger, glaube ich«, und die Stimmung oft bedrückt. Also revanchierte sich der stolze Dubliner mit weltmännischer Verachtung an seiner Umgebung. »Pola ist ein gottverlassener Fleck – ein maritimes Sibirien«, schilderte Joyce seiner lieben Tante Josephine eiskalt. Und Istrien kam nicht besser davon: »ein langgestreckter, in die Adria ragender, langweiliger Fleck, bevölkert von ungebildeten Slawen mit kleinen roten Kappen und riesigen Breeches«.

Mit dem Umzug in die Via Medolino 7 (heute Medulinska Cesta) wurde das Urteil ein wenig milder (»sehr gemütlicher Ofen und Schreibtisch«); doch blieb Pula für Nora und ihn »ein komisches altes Nest«. Joyce weinte dem Ort keine Träne nach, als er zum März, nach nur vier Monaten, an die Berlitz-Schule in Triest wechselte. Das Nest an der Südspitze Istriens sollte erst in den nächsten Jahrzehnten so urban und kultiviert werden, wie der Autor des »Ulysses« es bevorzugte. Und es erwies sich umso souveräner, als es beim kroatischen Bildhauer Mate Čvrljak die Bronzefigur beauftragte – bleibendes Porträt eines rastlosen Künstlers. *Bertram Job*

führt. Die Villen, die sich betuchte Patrizier hier ab dem 19. Jahrhundert als Feriendomizile errichten ließen, verströmen noch immer Habsburger Noblesse.

Und dann hat dieses Istrien noch eine ganz andere Seite: Wild, beinahe unberührt wirkt es im Hinterland, einsame Dörfer, die nie mehr als eine Autostunde von beiden Küsten entfernt liegen. Sie thronen auf bewaldeten Bergrücken und lassen tief in ihre Geschichte sehen. Wie das entrückte Motovun, wo sich alles um die weißen und schwarzen Trüffeln dreht. Oder das Künstlerdorf Grožnjan, das im Sommer mit Musikaufführungen glänzt. Oder das an eine steile Felskante stoßende Pazin mit seinem mittelalterlichen Kastell.

Staatlich geförderte Kredite haben dafür gesorgt, dass ehrgeizige Winzer und Küchenchefs sich wieder im dünn besiedelten Landesinneren niederlassen. Rad- und Wanderwege wurden angelegt, und allmählich zieht es immer mehr Reisende in diese Gegend. »Und ist hier etwa nichts zu sehen?«, fragt ein silberhaariger Mann auf dem hoch gelegenen Hauptplatz von Labin.

Sein Name ist Josip, und er weiß von den Zeiten zu berichten, als man hier am Fuße des Bergrückens in die Kohleminen einfuhr, als Ingenieur war er damals selbst dabei. Längst ist er Rentner, einer von den älteren Männern, deren Herz an ihren Heimatorten hängt. Josip liebt Labin, seine mittelalterlichen Gassen, in denen sich kleine Kapellen an die Palazzi italienischer Patrizier reihen. Die Kirche Mariä Geburt, das Stadtmuseum mit der archäologischen Sammlung, das kleine Theater, die Loggia und der venezianische Glockenturm: Er zeigt mit den Händen in alle Richtungen.

Torbögen, Nischen und tausend ausgetretene Treppen: Der Geburtsort des lutherischen Reformators Matthias Flacius war vom 10. bis 13. Jahrhundert sogar mal deutsch und hieß Tüberg. Aber was sind schon Namen oder Flaggen? »Meine Mutter hat hier fünf Farben erlebt«, sagt Josip, »österreichisch, italienisch, deutsch, jugoslawisch und kroatisch. Aber sie sagte immer, dass das keine Rolle spielt. Die Farben wechseln, die Heimat bleibt. Und das ist Istrien.«

Der Abend kommt, die Bucht leuchtet: das »Lido« in Opatija

NOVALJA ZRĆE INSEL PAG

DIE PERFEKTE JUGENDREISE

Die gute Mischung aus Kultur und dem herausragenden Freizeitangebot zieht immer mehr Jugendliche nach Kroatien. Besonders beliebt ist die Insel Pag mit seinem gemütlichen Fischerdorf Novalja und dem dicht gelegenen Party-Strand Zrće, auch bekannt als das „Ibiza der Adria". In den Open-Air-Diskotheken Papaya und Aquarius legen internationale Top-DJs auf und tagsüber sind dank Bungee, Jetski, Tauchen und den idyllischen Badebuchten dem perfekten Jugendurlaub keine Grenzen gesetzt.

NOVALJA
Otok PAG
island of PAG
Kroatien

Sympathische Restaurants, quirlige Shops und verstreute exotische Bademöglichkeiten sind nur einige der Dinge, die Pag auszeichnen.

DAS ERWARTET EUCH:

UNGLAUBLICHE NATURSCHAUSPIELE

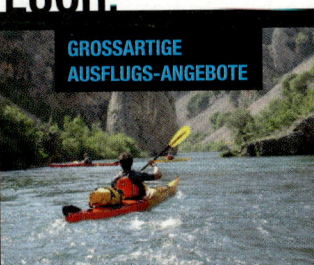

GROSSARTIGE AUSFLUGS-ANGEBOTE

EINZIGARTIGE JUGEND-COMMUNITY

ZRĆE: SZENE- & PARTYHOCHBURG

Gestrandet

Von wegen nur Felsküste und grober Kies – Kroatien
hat Strände, die an Karibik und Südsee erinnern.
MERIAN stellt die zehn schönsten Plätze an der Sonne vor

ZLATNI RAT (B 4) Insel Brač
300 Meter ragt das »Goldene Horn«
aus feinem Kies ins kristallklare Meer.
Der bekannteste Strand Kroatiens.

PUNTA RATA (B 4) Brela
Dieser Strand wurde schon unter die
zehn schönsten der Welt gewählt –
kein Wunder, das Meer ist hier von
einem betörenden Türkis. Marken-
zeichen ist ein vorgelagerter Felsen.

PUPNATSKA (C 5) Insel Korčula
Liegt in einem schmalen Meeresarm.
Der Grund schimmert wie in der
Korallensee, der feine Kies ist fast
so weiß wie ein Südseestrand.

VELA PRŽINA (C 5) Insel Korčula
Kroaten lieben den Strand wegen des
»seidigen« Sands. In der windgeschütz-
ten großen Bucht kann man herrlich baden. Blick auf die Insel Lostovo.

SLANICA (K 6) Insel Murter
Kleiner, von dichtem Grün ge-
säumter Sandstrand mit türkisfar-
benem Wasser. Ganz seicht geht
es in die klaren Fluten – fast wie in
einer Karibiklagune.

PRAPRATNO (D 5) Pelješac
Ein weißer Sandstrand in einer male-
rischen, von Olivenbäumen und Kiefern eingerahmten Bucht. Das Wasser
leuchtet wie auf den Malediven.

RAJSKA PLAZA (C 2) Insel Rab
Im Sommer ist der »Paradies-
strand« begehrt: sauberes, leuchtend
grünes Wasser an einer 1,5 km
langen Sandbucht. Ideal für Aktive
und Familien.

SAHARA-BUCHT (C 2) Insel Rab
Der Name spricht für sich: Fast
wüstenartig mutet das Ufer an. Der
abgeschiedene Strand ist nur
über einen Waldweg zu erreichen.

STONČICA (A 5) Insel Vis
Das »Hawaii von Vis«. Allerdings sehr
ruhig, ohne Bars und Getöse. Die
kleine Bucht liegt abgelegen im Grünen. Boote können hier gut ankern.

ZAGLAV (A 5) Insel Vis
Nach 15 Minuten Fußweg oder
Anfahrt per Taxi-Boot von Milna aus
erreicht man diesen idyllischen
Strand: klein, intim und ohne Trubel.

1 Ein Paradies in Weißgrünblau: Der Strand Pupnatska ist von Korčula aus einfach mit dem Bus zu erreichen
2 Die Sahara-Bucht: feiner Sand an einem fast kreisrunden Strand, hier kann man bei jedem Wind geschützt baden
3 Ganz flach geht es am Strand von Slanica auf der Insel Murter ins Wasser.
4 Ein Star unter den Stränden: Das Magazin »Forbes« wählte Punta Rata an der Makarska Riviera 2003 unter die zehn schönsten Badeplätze der Welt

4 Die Ortsangaben in Klammern beziehen sich auf unsere Karte auf Seite 138

Von Rom blieb mehr
als Ruinen: In Pula kann
man auf 2000 Jahre
altem Pflaster Gassi gehen

ILLYRICUM

Es leben die Kämpfer von Pula!

Vor 2000 Jahren war die Halbinsel Istrien Teil der
römischen Provinz Illyricum. Heute erwecken
Antike-Fans diese Epoche zu neuem Leben. Gladiatoren
halten wieder Einzug in die Arena von Pula

TEXT **TILL HEIN** FOTOS **ARTHUR F. SELBACH**

Die Show geht weiter: Pulas Amphitheater war eines der größten des Imperiums, heute treten hier Weltstars auf

Auf den Zuschauerrängen wird es totenstill. Wie Raubkatzen belauern sich zwei Gladiatoren in der Arena. Ein drahtiger, mittelgroßer Mann hält einen Dreizack in der linken Hand, die Finger seiner rechten spielen nervös mit einem Krepelnetz. Jetzt schwingt der Angreifer sein Netz wie eine Peitsche durch die Luft und wirft es in hohem Bogen über den Hünen mit dem Schwert. Der hechtet zur Seite und stürzt sich auf seinen Gegner. Doch mit letzter Kraft reißt der einen Dolch aus dem Futteral an seinem Lendenschurz – und springt dem Schwertkämpfer damit an die Gurgel: Sieg! Die Zuschauer auf den Tribünen der Arena von Pula kreischen, jubeln, klatschen Beifall.

Ozren Grbavčić, ein braun gebrannter Sonnyboy Anfang dreißig mit langen schwarzen Locken, applaudiert besonders lautstark. »Sind sie nicht großartig!«, schwärmt er. Grbavčićs Augen leuchten voll Stolz, denn er hat die Kampfspiele im Amphitheater von Pula organisiert. Gladiatoren sind seine große Leidenschaft. Den zierlichen Grbavčić kann man sich eher beim Sammeln von Trüffeln in den istrischen Wäldern vorstellen als im brutalen Kampf Mann gegen Mann. Doch mit eiserner Entschlossenheit will er dazu beitragen, dass die Lebensart der alten Römer, die hier lange Zeit nur Fachleute interessierte, in Istrien eine neue Blüte erlebt.

Im 2. Jahrhundert vor Christus eroberten die Römer die Mittelmeer-Halbinsel und machten sie zu einer Hochburg ihrer Kultur. Sie eroberten Pula, nannten es »Colonia Pietas Iulia Pola« und errichteten um die Zeitenwende in der Stadt das Amphitheater, ein eindrucksvolles, ovales Bauwerk aus weißem Kalkstein. Mit rund dreißig Meter hohen Zuschauertribünen, 15 Eingängen, 72 elegant geschwungenen Arka-

denbögen war es eines der größten im gesamten Imperium Romanum. Kaiser Vespasianus höchstpersönlich soll die Erweiterung und Vollendung des unter Kaiser Augustus begonnenen Baus befohlen haben – auf Wunsch seiner Lieblingsmätresse, Antonia Cenida, die aus Pula stammte. Aus ganz Istrien reisten die Schaulustigen damals zu den Gladiatorenkämpfen an. Zu Fuß, mit Pferdewagen oder auf Schiffen. Hektoliterweise floss der Wein, und zum Entzücken der oft mehr als 20000 Zuschauer wurden auch Löwen, Panther und Bären auf die Gladiatoren gehetzt. Um den beißenden Gestank des Blutes zu überdecken, besprenkelten Diener die Zuschauerränge mit Rosenöl. Anfang des 5. Jahrhunderts jedoch untersagte Kaiser Honorius solche Kampfspiele im gesamten Imperium. Auch im Amphitheater von Pula ruhten die Waffen – bis, 1600 Jahre später, die Stadt im Kampf das Spiel wiederentdeckte und Ozren Grbavčić aktiv wurde.

»Als ich als Kind zum ersten Mal in dieser Arena stand«, flüstert Grbavčić, während sich unten im Sand die nächsten Athleten von den Fans bejubeln lassen, »sah ich vor meinem geistigen Auge sofort Gladiatoren kämpfen.« Von jenem Tag an ließ ihn die geheimnisvolle Welt dieser Athleten nicht mehr los. Er verschlang Bücher über römische Schaukämpfer, sah sich unzählige Male den Spielfilm »Ben Hur« an. Später scharte er Gleichgesinnte um sich. Neben seinem Studium des Hotel- und Tourismusmanagements fahndete er in ganz Europa nach Gladiatorenschulen, recherchierte nach römischen Kochrezepten, Kostümen, Theaterstücken. Und nun lassen er und seine Freunde in Pula und Umgebung jeden Sommer die Römerzeit wieder aufleben: mit Antike-Festen, historischen Stadtrundgängen, Aufführungen römi-

Die Antike hat überdauert – und begeistert junge Leute

Beim Stibitzen erwischt: Zwei Pfauen hocken am Rande eines Trinkgefäßes und schauen beide nach links. Das Mosaik aus Pula entstand um das Jahr 100. Die antiken Glasfläschchen (links) wurden meist für Duftwasser verwendet. Viele Exponate in Pulas Archäologischem Museum zeugen von der Kunstfertigkeit der Histrier

Staatstempel: Das Heiligtum in Pula war Kaiser Augustus und der Göttin Roma geweiht

scher Dramen – und mit Gladiatorenkämpfen im Amphitheater.

In der Antike waren Niederlagen oft tödlich. Auch heute rufen die Gladiatoren »Ave, Caesar, morituri te saltutant« zum römischen Imperator, der in mit Purpurstreifen verzierter Toga auf der Ehrentribüne sitzt: »Ave, Cäsar, die Todgeweihten grüßen dich.« Der Kaiser ist ein Schauspieler, die Kämpfe sind eine Mischung aus Choreografie und Improvisation, die den Zuschauern den Atem raubt, bei der aber natürlich kein Blut fließt.

Nicht nur das gewaltige Amphitheater hat in Pula die Antike überdauert. Auch die Überreste eines Theaters, in dem Tragödien und Lustspiele aufgeführt wurden, prägen das Stadtbild, ebenso das römische Forum mit Tempelanlagen, Reste der Stadtmauer mit eindrucksvollen Toren sowie ein Triumphbogen. An vielen dieser Orte leben im Sommer die alten Zeiten wieder auf.

Vor dem Triumphbogen der Sergier, verziert mit schlanken Säulen mit korinthischen Kapitellen, kochen junge Neo-Römer Leckerbissen: Bohnenbrei mit Ochsenfleisch oder Pfannkuchen aus Eiern und Olivenöl. Auch Feigen, Mandeln und Ziegenkäse werden gereicht. Und die Passanten können sich mit *mulsum* stärken, mit Honig gesüßtem Wein nach altrömischem Rezept.

Die Stadtverwaltung strebt historische Korrektheit an und schickt Kontrolleure. Auch was die Speisen betrifft: Zum Würzen verwendeten die Römer etwa gesalzene Sardellen – und die Neo-Römer aus Pula werden daher dazu angehalten, beim Bohnenmus ebenfalls auf diesen Trick zurückzugreifen. »Schmeckt eigen«, sagt eine Urlauberin aus Deutschland und verzieht das Gesicht, als hätte sie in einen Regenwurm gebissen.

Vor dem Archäologischen Museum wartet derweil Branka Perković auf Menschen, die sich für Originale aus der Antike interessieren. Perković ist eine belesene, nachdenkliche Frau. Ursprünglich hat sie Wirtschaftswissenschaften studiert, doch die Geschichte Istriens begeistert sie so sehr, dass sie umgesattelt hat und heute als Stadtführerin arbeitet. Im Archäologischen Museum führt sie die Feriengäste zielstrebig zu einem Steinquader, in den das Wort »Nesactium« eingemeißelt ist: Er gilt als das älteste Fundstück, auf dem der Name der alten istrischen Hauptstadt verewigt ist.

Einst war Istrien das Reich der Histrier, eines illyrischen Seefahrervolkes, das sich vor rund 3000 Jahren hier ansiedelte, erzählt sie. Jenen Histriern, und nicht etwa den Römern, gehört Branka Perkovićs Herz. Zehn Kilometer östlich des heutigen Pula errichtete dieses Volk, über das bis heute wenig be-

kannt ist, das sagenumwobene Nesactium. »Mit ihren kleinen, wendigen Schiffen, wurden die Histrier als Piraten im ganzen Mittelmeerraum gefürchtet und bewundert«, sagt Perković. Doch dann habe Rom entschieden, seine Machtsphäre auch in diese Region auszudehnen.

Als 177 vor Christus römische Truppen Nesactium belagerten, nahmen sich viele Histrier das Leben. Sie wollten lieber sterben, als ihre Freiheit zu verlieren. Dabei wollte Rom in Istrien gar keine Sklaven nehmen. Nach der Eroberung Nesactiums lässt man die Histrier weitgehend in Ruhe. Anfangs errichten die Römer lediglich einige Kontrollposten auf der Halbinsel. Erst um das Jahr 50 vor Christus begann Rom, ausgediente Legionäre mit Land auf Istrien zu entlohnen: Bald darauf war Istrien fest in römischer Hand. Doch die Histrier waren nur einer von mehreren illyrischen Volksstämmen an der Adria-Küste, die den Römern auf die Nerven gingen. Schließlich, ab dem Jahr 34 vor Christus, triumphierte Octavian, der spätere Kaiser Augustus, mit seinen Truppen in mehreren Schlachten entlang der Küste. Er legte den Grundstein dafür, dass das gesamte Gebiet des heutigen Kroatiens Teil einer neu geschaffenen römischen Provinz wurde: Illyricum.

Die Römer ließen den Besiegten viele Freiheiten, vor allem aber lockten sie gezielt römische Bürger in die neuen Gebiete ihres Imperiums, die ihre Sprache, ihren Glauben und ihre gesamte Lebensart nach Illyricum mitbrachten – und eine schleichende Romanisierung bewirkten.

Zu Beginn des 1. Jahrhunderts kam es dennoch zu einem gewaltigen Aufstand: 800 000 Illyrer kämpften vom Lauf der Donau und der Drau bis an die Adria-Küste gegen die römischen Kolonisatoren. Viele der Rebellen hatten zuvor in der römischen Armee gedient und waren mit der militärischen Taktik der Landesherren vertraut. Am Ende gelang es der römischen Übermacht dennoch, den Aufstand niederzuschlagen. Von nun an galt im ganzen Gebiet des heutigen Kroatiens für Jahrhunderte die *pax romana*: Es herrschte Frieden.

Ab Mitte des 1. Jahrhunderts gründeten die Römer nördlich von Istrien entlang der Adriaküste, Kolonien wie Iader, Salona, Narona und Epidaurum. Das Hinterland der Provinz diente Rom in erster Linie als Quelle für kostbare Bodenschätze: Gold, Silber, Blei, Eisen. Feldherren rekrutierten in Illyricum jedoch auch erstklassige Soldaten. Die Wirtschaft erlebte eine Blüte. Reiche Römer und Illyrer besaßen in der Provinz nicht nur eine Wohnung in der Stadt, sondern auch eine *villa rustica*, ein Landgut.

Zahlreiche Illyrer traten in römische Dienste und machten Karriere. Diokletian etwa, der um das Jahr 245 wahrscheinlich in Salona geboren wurde, schaffte es gar bis auf den Kaiserthron. In Spalatum, dem heutigen Split, ließ er gegen Ende des 3. Jahrhunderts einen Palast mit 30000 Quadratmetern Wohnfläche, 16 Wachtürmen und drei Tempelanlagen errichten, das – neben dem historischen Amphitheater von Pula – bedeutendste Bauwerk aus der Zeit der Antike in Kroatien.

Auch die Stadtführerin und Histrier-Verehrerin Branka Perković aus Pula kann sich der Faszination der Architektur, Kunst und Lebensart der Römer nicht völlig entziehen. Nur ins Herz geschlossen hat sie die führende Macht der Spätantike nicht. Vielleicht gerade weil die Römer so erfolgreich waren. Auch in Istrien. Bis ins 7. Jahrhundert. »Dann erober-

Nach den Römern kamen die Christen aus Byzanz

Das Ende Roms bedeutete für Istrien nicht das Ende der Hochkultur. Die Türschwelle und der Marmorsarkophag aus Salona stammen noch aus römischer Zeit. Später löste die byzantinische Kunst die der Antike ab, beim Bau der Euphrasius-Basilika in Poreč aus dem 6. Jh. (links) wurden die Bodenmosaiken aus dem 4. Jh. übernommen

ten die Barbaren Istrien«, sagt Branka Perković und lächelt. »Und dann kamen wir, die Slawen.«

Im Archäologischen Museum von Pula zeigt sie auf gläserne Urnen aus römischen Nekropolen, auf kostbare Theatermasken, die einst vergoldet waren. Auf Öllampen, mit Bergkristall verzierte Ohrringe, Haarnadeln aus Knochen, Geldmünzen, Dachziegel – und unzählige Amphoren.

»Diese Gefäße waren die Plastiktüten der Antike«, erklärt Perković. Alles Mögliche wurde in ihnen gelagert und transportiert. In einigen Amphoren wurden gar menschliche Knochen gefunden. Der einzige Nachteil der Gefäße: Auch wenn man sie gut auswusch, bekam man den Geruch der Substanzen, die darin gelagert waren, nie wieder heraus.

Im Amphitheater von Pula sind unterdessen die Kampfspiele zu Ende gegangen. Unter Trommelwirbeln marschieren die zwanzig Gladiatoren durch die Altstadt über den Fischmarkt durch den Triumphbogen der Sergier bis zum römischen Forum. Vom Straßenrand und aus vielen Fenstern winken ihnen Schaulustige zu.

Ozren Grbavčić hat sich in einer rot gesäumten Senatoren-Toga unter das Festvolk gemischt hat, und genießt ein Glas *mulsum*. Es ist ruhiger geworden auf dem Forum von Pula, und für einen Moment wirkt auch Grbavčić etwas erschöpft. Doch dann sprudelt es wieder aus ihm heraus: Seit Monaten umgarne er den Bürgermeister, beim nächsten Römer-Festival die mit Purpurstreifen verzierte Kaiser-Toga anzulegen und den Vespasian zu mimen. »Die Chancen stehen nicht schlecht.« ■

MERIAN | **ROM IN KROATIEN**

Sehenswürdigkeiten in Pula

In der Stadt sind außer dem Amphitheater viele antike Denkmäler erhalten. Der Stadtplatz heißt noch heute Forum, hier steht der **Augustustempel** aus dem 1. Jahrhundert nach Christus. In seinem Innern sind Skulpturen ausgestellt. In der Stadtmauer steht das **Herkulestor**, wahrscheinlich das erste von Römern gebaute Tor in Istrien, sowie das um 200 errichtete **Doppeltor**. Außerdem der vor der Zeitenwende im korinthischen Stil errichtete **Triumphbogen der Sergier**. Innerhalb der Stadtmauern lag früher das kleine römische **Theater**, von dem nur noch Fundamente zu sehen sind, das große Theater lag außerhalb und ist untergegangen.

Sommerfestival »Pula Superiorum«

»Tage der Antike« nennt sich das Spektakel, bei dem Ende Juni in Pula Gladiatoren und Köche ihr Bestes geben. Pauschalangebote mit Hotelübernachtungen, Eintritt zu den Gladiatorenspielen und Verpflegung über **www.uniline.hr**

Die wichtigsten römischen Stätten in Kroatien

(A 4) Split Der Diokletianspalast: ein Höhepunkt antiker Baukunst (siehe S. 118).

(L 6) Solin (Salona) gilt als Geburtsstadt des Diokletian. Mehrmals zerstört, ist es heute eine sehr gut erschlossene Ruinenstätte, das beste Beispiel einer Römerstadt in Kroatien.

Nördlich von Split

(K 2) Šitarjevo (Andautonia) war vom 2. bis 4. Jh. wichtiges Handels- und Kulturzentrum: Reste römischer Badehäuser und Straßen sind hier zu sehen. Rund 10 km östlich von Zagreb.

In **(K/L 2/3) Sisak (Siscia)** lassen sich Überreste der Wehrmauern aus der Antike sowie Nekropolen besichtigen. **Rund 50 km südöstlich von Zagreb**

In **(J 5) Zadar (Iader)** ist in der Altstadt das von den Römern angelegte symmetrische Straßennetz weitgehend erhalten.

In **(K 1) Varaždinske Toplice (Aquae Iasae)** haben Reste römischer Thermen, das ehemalige römische Forum und Wohnhäuser aus der Antike überdauert. Auch heute gibt es hier noch ein Heilbad. **Rund 60 km nördlich von Zagreb**

Der will nur spielen: Soldatendarsteller im Amphitheater von Pula

Der Mond leuchtet hell über Zagreb. Das Pärchen auf der Strossmayer-Promenade könnte die Wahrzeichen der Stadt im besten Licht bewundern: die Marienkirche und dahinter die Türme der Kathedrale. Aber in manchen Momenten gibt es Wichtigeres

Zagreb
Die Bezaubernde

Eine alte stolze Dame ist diese Stadt. Sie hat viel erlebt und ein großes Herz. Und sie erzählt wundervolle Geschichten

TEXT **SAŠA STANIŠIĆ** FOTOS **GERALD HÄNEL**

Höre gut zu, und Zagreb wird dich belohnen. Mit seinem Charme, Musik und großem Theater

Mittagspause im »Kazališna Kavana«. Das alte Theater-café liegt gegenüber dem Nationaltheater, in dem schon Franz Liszt, Richard Strauss und Laurence Olivier auftraten

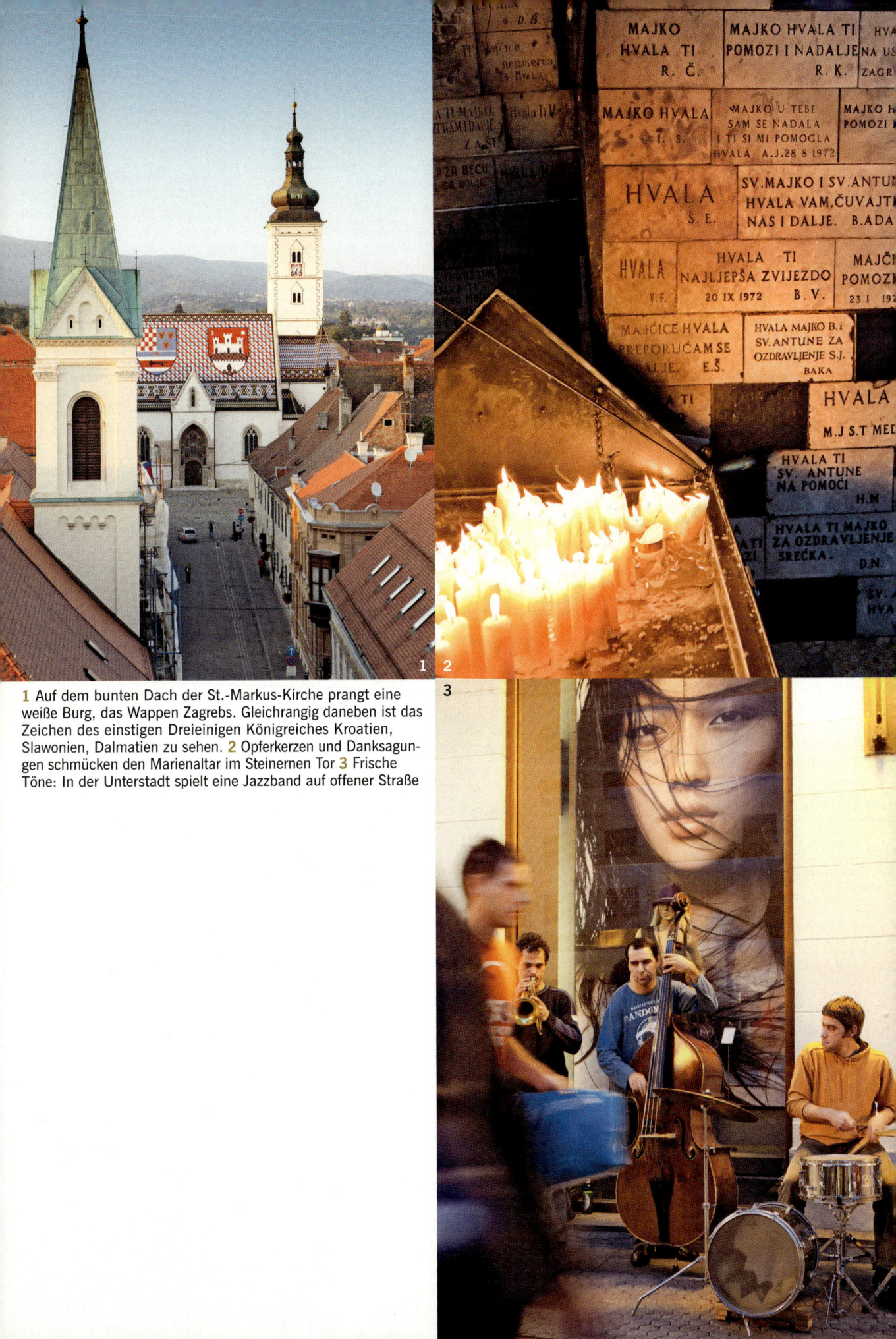

1 Auf dem bunten Dach der St.-Markus-Kirche prangt eine weiße Burg, das Wappen Zagrebs. Gleichrangig daneben ist das Zeichen des einstigen Dreieinigen Königreiches Kroatien, Slawonien, Dalmatien zu sehen. **2** Opferkerzen und Danksagungen schmücken den Marienaltar im Steinernen Tor **3** Frische Töne: In der Unterstadt spielt eine Jazzband auf offener Straße

in guter Prahler hat viele Geschichten auf Lager. Zagreb ist so: voller Geschichten. Mein Zagreb ist so. Eine Stadt, die ich als Schriftsteller schätze, weil sie mir mit ihren Legenden, Anekdoten und Liedern wie eine Kollegin vorkommt. Städte haben Talente. New York ist eine Modeschöpferin mit irischen Wurzeln. Florenz eine Bildhauerin. Paris verführt. Zagreb – kann erzählen.

Das kommt nicht von ungefähr. Mit ihren Konflikten und Katastrophen hat die Stadt eine fast absurd bewegte Vergangenheit und damit einiges zu sagen. Tataren und Osmanen, Plünderer und Besatzer, Kommunisten und Nationalisten, dazu die üblichen Verdächtigen – Pest, Feuer und im Jahre 1880 ein verheerendes Erdbeben: Zagreb ist wenig erspart geblieben. Erholt hat sich die Stadt dennoch jedes Mal. Ihre Narben sind ihre Geschichten.

Bei meinem letzten Besuch empfängt sie mich mit Regen. Keinem kurzatmigen Schauer, der kommt, fällt und vergessen wird, sondern mit ei-

1 Vier Engel thronen über den Frauen am Brunnen auf dem Kaptolplatz. Sie verkörpern Glaube, Hoffnung, Unschuld und Demut – hoch über ihnen auf der Säule steht die vergoldete Marienstatue. 2 In den Gassen der Oberstadt werden manche Straßenlaternen noch von Hand angezündet

ner uneinsichtigen Sintflut, die uns Tag und Nacht geduckt und grau über Flüsse scheucht, die eigentlich Straßen sind. Unterwegs ist nur, wer keine andere Wahl hat. Der Rest weilt im Kaffeehaus. Die Zagreber lieben ihre Kaffeehäuser. Bei Regen umso mehr. Ich beschließe, Zagreb zuzuhören. Regen schafft beste Stimmung für Geschichten. Ich gehe ihnen nach, zu den Schauplätzen, zu den Erzählern in den Kaffeehäusern. Es schüttet ununterbrochen, und die Stadt erzählt.

Wie jede gute Erzählerin weiß auch Zagreb um den eigenen Namen ein Mysterium zu schaffen. Dass es für all die Versionen der Namensgebung gleich eines 223 Seiten fassenden Buches bedarf, ist sympathisches Übermaß. Die älteste Variante ist wohl auch die bekannteste: Ein durstiger Markgraf hält während einer Dürre an einer Quelle, wo die junge Manduša das tut, was junge Frauen in alten Geschichten an Quellen eben tun: Wäsche waschen, schön sein, solcherlei. Der Markgraf ruft ihr zu, etwas faul und ohne vom Pferd zu steigen: »*Mandušo, zagrabi!*« – »Manduša, schöpf!« Was sie dann auch

Wasser reicht, vielleicht die Überlegung, was die beiden danach wohl machten; schon ziehen die vier weiter, schnell und ohne sich umzublicken. Auf der anderen Seite des Platzes geben sie ihren Kampf mit dem Wind und ihren viel zu großen Regenmänteln auf und verschwinden hinter den beschlagenen Scheiben eines Cafés.

Ich mache mich auf den Weg in die Oberstadt. Es donnert. An einem Tag wie diesem will ich Schutz finden in einer Geschichte, die vom Schutz erzählt. Durch diese Geschichte kann man regelrecht laufen. Oder Fahrrad fahren. Oder man kann darin beten.

Sie handelt vom Steinernen Tor. Und davon, wie ein altes Stadttor eine Kapelle wurde. Als 1731 heftige Brände Zagrebs Oberstadt in Schutt und Asche legen, übersteht an dieser Stelle einzig ein Marienbildnis die Flammen unbeschadet. In einer anderen Überlieferung stellt sich eine couragierte Mutter Gottes den Flammen in den Weg und hält das zerstörerische Element gar wundersam auf. Die Menschen sind tief bewegt, sie errichten in dem Tor einen Andachtsraum.

Durch diesen führt heute eine Straße. Eine Handvoll Männer und Frauen

Zagreber Geschichten sammelte. Sie selbst hat eine beizutragen, »wird dir gefallen, du magst doch Harry Potter«, sagt sie. »Aber wusstest du, dass Jahrhunderte, bevor die Rowling auf die Idee mit ihren Zauberlehrlingen kam, Zagreb schon sein Hogwarts hatte?« Schon bin ich Feuer und Flamme.

Franjo Filipović, ein Domherr aus Zagreb, konvertierte 1573 in osmanischer Gefangenschaft zum Islam und schickte sich an, ein Heer gegen die eigene Heimatstadt zu führen. Zagreb fand das mäßig amüsant. Filipović wurde in alle Ewigkeit verflucht und seine Residenz im Zeichen der Schande schwarz angemalt. Dort leben wollte niemand. Erst 1576 zog das Priesterseminar ein.

Die Zagreber zeigten sich beunruhigt. Die schwarze Fassade war ihnen ohnehin unheimlich, da half auch ein anderer Anstrich nicht, nun kamen die schwarzen Roben der Schüler dazu, sowie das Gemunkel, diese »Schwarzschüler« studierten ganz andere Künste als das Lateinische und die Bibel. Künste von derselben Farbe wie ihre Kluft: teuflisches Zeug! Hagel machen, Leute vergiften und Pestilenzen beschwören!

Jede Straße hat ihre Anekdote, jeder Brunnen seine Märchen. Und die Engel tragen Gold

macht. Von *zagrabi* soll also Zagrebs Name stammen. Immerhin, Manduša wurde die Namensvetterin für den Manduševac-Brunnen auf dem Ban-Jelačić-Platz.

Im Regen spaziere ich über den großen Platz, auf dem der Brunnen heute unscheinbar wirkt. Als störe selbst ihn das Wetter, als mache er sich kleiner. Im Sommer sitzen junge Menschen auf den Stufen um den Brunnen, er ist in ihren unzähligen Verabredungen das entscheidende Stichwort.

Heute bleiben zwei durchnässte japanische Pärchen in der Nähe stehen. Ihre Aufmerksamkeit gilt ihrem Touristenführer, bis sie alle vier plötzlich in Richtung Brunnen schauen. In ihren Augen vielleicht die Vorstellung, wie die junge Manduša dem Grafen das

sprechen ihre stummen Gebete, dahinter gehen unbeteiligte Passanten mit Einkaufstüten ihrer Wege. Maria klammert sich an ihr Jesuskind, mustert die auf Zeitungen knienden Gläubigen. Das Prasseln des Regens klingt leiser in dem kleinen, dämmrigen Tunnel. Eine ältere Frau kratzt das geschmolzene Wachs Hunderter Kerzen aus einer Metallwanne. Ich zünde eine Kerze an und denke kurz an einen sonnigen Tag.

Am nächsten Morgen – Regen – treffe ich in einem charmanten Café namens »Booksa« eine schwedische Freundin, die vor Kurzem nach Zagreb gezogen ist. Das »Booksa« ist gleichzeitig Lokal und Buchhandlung, Veranstaltungszentrum und Literaturclub; das schien ihr passend, wenn ich schon

Irgendwann stiegen die ersten Drachen in den Himmel über Zagreb. Auf ihren schrecklichen Nacken: Reiter der Schwarzen Schule in schwarzen Kutten. »Wer weiß«, sagt meine Freundin augenzwinkernd, »vielleicht spielten die da oben schon Quidditch, bloß nicht auf Besen wie bei Harry Potter, sondern eben gleich auf Drachen. Die typische Zagreber Unbescheidenheit.«

Eine Geschichte, geschrieben vom Aberglauben vergangener Zeiten, erzählt von einer schönen Schwedin in einem Café mit jungen Menschen, Jazzmusik und feinem Tee. Ich bin beglückt – und besuche am Nachmittag das Zagreber Hogwarts. Das ansehnliche Gebäude, in dem die Schwarze Schule untergebracht war, steht nicht weit von der Kathedrale. Darin behei-

Männerfreundschaften im »Gostionica Tip-Top«. Das große Bild zeigt eine Literaturrunde, die sich hier um 1940 traf

Nichts geht über gute Schuhe. Bei »Bočak« in der Ilica-Straße wird aus feinstem Leder seit drei Generation per Hand genäht

matet ist die Katholisch-Theologische Fakultät. Schwarze Künste stehen nicht auf dem Lehrplan.

In der vierten Nacht werde ich vom Donner geweckt. Ich habe geträumt, dass ich in einem Zug nach Zagreb fahre, dass es regnet und der Zug kein Dach hat. Den Zug und meine Lust auf ein erlesenes Frühstück nehme ich zum Anlass, das »Regent Esplanade« zu besuchen. Das 1925 nahe dem Hauptbahnhof eröffnete Hotel war damals speziell auf die Bedürfnisse wohlsituierter Reisender des Orientexpress ausgerichtet. Entsprechend unbescheiden fiel es aus, und es hat wenig von seinem Glanz eingebüßt.

Mein unausgeschlafenes Ich wird im Foyer schon vom süßlichen Art déco getröstet, der edle Carrara-Marmor würzt die Süße mit Eleganz nach. Die vertäfelten Wände lassen mich dann gänzlich die dreißiger Jahre herbei sehnen, ich nehme meinen unsichtbaren Zylinderhut ab.

Um so einen exquisiten Ort wie das »Esplanade« ranken sich viele Geschichten. Orson Welles soll sich während seines Aufenthalts in seine spätere Partnerin, Olga Palinkaš, verliebt haben. Auch die Abendunterhaltung sorgte oft für Schlagzeilen. Bei einem Konzert von Josephine Baker kam es zu regelrechten Tumulten. Xenophobe klerikale Parteigänger schrien auf wegen Bakers Hautfarbe, die Damen der Stadt wurden panisch, weil sie den Auftritt der Sängerin zu freizügig fanden. Die Sitten! Die Moral! Die männlichen Zagreber dagegen zeigten eher Symp-

tome einer mittelschweren »Bakeritis«: Tagelang noch sollen sie beseelt gelächelt haben, glücklich darüber, Zeugen der Schönheit und des Talents der »schwarzen Venus« geworden zu sein.

Mit tänzelnden Schritten verlasse ich die Vergangenheit, lande wieder im Zagreb von heute.

Die Stadt ist kein massentouristisches Leichtgewicht, sie hat auch nicht die Lieblichkeit der Orte an der nahen Adria. Hätte Zagreb ein Gesicht, sagt meine schwedische Freundin, wäre es das einer Dame der alten Schule: streng, leicht überschminkt, irgendwo sicher ein Muttermal. Und die Dame würde Deutsch sprechen, weil das so schick war in ihrer Jugend.

Ich frage weiter, was ist dieses Zagreb? Auf dem Dolac-Markt sagt eine der Verkäuferinnen: »Zagreb, das sind wir hier. Wir! Dieser Markt, diese Tomaten! Willst du Tomaten?«

Ein Taxifahrer lacht, Zagreb sei der einzige gläubige Kommunist, den er kennt. Einzelne Steinchen füge ich zu einem Mosaik: Zagreb ist eine eigenwillige, oft streng dreinblickende Dame mit einem winzigen Hund, der im Winter ein Jäckchen trägt. Früher war sie eine glühende Kommunistin, jetzt ist sie glühend gläubig. Sie trägt einen Siegelring, ein Erbstück ihrer Großtante aus der k. u. k.-Monarchie. Mit Verkäuferinnen am Dolac-Markt streitet sie energisch, flucht auf Deutsch, weil ihr die Tomaten zu teuer sind. Sie hat kräftige Waden. Sie geht ins Theater,

hat dabei manchmal Tränen in den Augen, manchmal verlässt sie schimpfend den Saal. In acht Jahrzehnten ihres Lebens hat sie wohl acht Avantgarden erlebt. Und überall erzählt sie ihre Geschichten.

Wer seltsame alte Damen mag, wird Zagreb mögen. Wer Kontraste mag, wird Zagreb auch äußerlich schön finden. Hier trifft Quadratisch-Praktisches der sozialistischen Stadtplanung auf die Eleganz der Sezessionsarchitektur. Die filigrane Neugotik der Kirchtürme auf banale 97 Meter Stahl und Glas des Eurotower I. Und in der Altstadt treffen 217 noch von Hand angezündete Gaslaternen auf 3er-BMWs, die unter den Gaslaternen zum Regierungsviertel hinauffahren.

Ich frage die Zagreber, wo man in der Stadt die besten kroatischen Spezialitäten essen kann und bekomme fast ausnahmslos immer die gleiche Antwort: »Beim Serben!« Sie meinen das reizend schäbige »MZ Bistro«, in dem ich *zagrebački odrezak* esse, eine lokale Variante des Cordon Bleu. Es schmeckt unfassbar gut. Der Laden ist brechend voll. Auf dem Boden matschige Abdrücke Hunderter Sohlen, Stempel des Regens.

Zagrebs Authentizität sind solche Potpourris von Eindrücken und Inhalten, gelegentlich wild zusammengewürfelt. Kontrast als Stil. Oder, um bei dem Bild der alten Dame zu bleiben: Wenn sich die regimekritische Theatertruppe Montažstroj auf der Festung Medvedgrad zu einer Performance trifft, könnte es sehr gut sein, dass

Blick nach oben. Eine achteckige Jugendstilkuppel wölbt sich über dem Innenhof der »Oktogon«-Einkaufspassage

Reine Kopfsache. Der stadtbekannte Hut- und Mützenmacher Ivan Horvatić vor seinem Geschäft in der Petrinjska

man die alte Dame mit dem Siegelring unter den jungen Besuchern antrifft. Klatschen würde sie aber wahrscheinlich nicht.

Von dieser mittelalterlichen Festung auf Medvednica, dem Bärenberg, hat man einen guten Blick über Zagreb. In einer Art Altar lodert als Denkmal für gefallene kroatische Helden die ewige Flamme. Genauer gesagt, lodert sie jetzt wieder. 2010 war sie erloschen, denn die Verwaltungen der Stadt Zagreb und des Landes Kroatien konnten sich nicht einigen, wer die Gasrechnung zahlen soll.

ten Regentag setze ich mich zur rechten Zeit in eines der Cafés in der Ljudevita-Gaja-Straße und tue so, als gehörte ich dazu. Viel ist aber nicht los – die *špica* ist mit ihren sorgfältig gestylten Frisuren bei Regen besonders empfindlich.

Am Sonntag kommt endlich die Sonne heraus. Ein Ruck geht durch die Stadt; es ist, als kehre die Farbe zurück ins Gesicht eines Genesenden. Die Massen, die tagelang die Kaffeehäuser belagerten, besetzen nun jeden freien Platz auf Terrassen, in den Gärten. An jeder Ecke stehen plötzlich

Schwarz. Sie ist stark geschminkt, ihr langes Kleid mit hohem Kragen wirkt wie aus einer anderen Zeit. Ich suche den Siegelring an ihrem Finger, finde aber keinen. In ihrer Hand die kleine Hand eines Jungen. Sie spricht zu ihm. Ich stelle mir vor, dass sie ihm eine Geschichte von der wilden Sava erzählt.

Geschichten sind der Grund, warum wir reisen. Auch dann, wenn wir ihren Ausgang kennen. Wer nach Zagreb kommt, ist aber nicht nur Zuhörer. Auf die Ankömmlinge wartet eine neugierige Stadt an dieser Kreuzung der Welten, wo Abendland und Morgenland

Zagreber geben gern an, tun das aber mit Stil. Sie lieben es, sich in Szene zu setzen

Die Nachbarn vom Balkan sagen den Zagrebern eine gewisse Arroganz nach. Zagreber geben gern an, tun das aber mit Stil. Denn: Sie haben wirklich was vorzuzeigen. Zu den Lieblingsdingen, über die ein Zagreber spricht, gehören – die Zagreber selbst. Die Angeberei ist hier quasi institutionalisiert. Die Institution nennt sich *špica*. Es handelt sich um einen Aufmarsch von Schickeria und Stadtprominenz, wie sie alle Großstädte kennen, bloß kommt man in Zagreb pünktlich und immer am gleichen Ort zusammen. Jeden Samstag zwischen 11 und 14 Uhr flanieren gut angezogene, gut gebaute und gut operierte Menschen in den Straßen um den Ban-Jelačić-Platz miteinander, füreinander und für die Fotografen. Am fünf-

Musiker, sie singen, jemand jongliert, die Stimmung ist fast theatralisch, und am Manduševac-Brunnen sitzen wieder junge Menschen, in Gespräche und ihre Telefone vertieft.

Halb Zagreb pilgert an so einem Tag zum Bundek-See. In den Achtzigern und Neunzigern wurde der See vernachlässigt und dümpelte eher in Richtung Sumpf dahin. Fischen und Vögeln mag das egal gewesen sein, den sonntäglichen Stadtausflüglern nicht. Nach einer umfassenden Sanierung kommen sie heute wieder in Scharen.

Ich klettere auf die Böschung, die Bundek vom Sava-Fluss trennt. Der Fluss ist nach dem Regen völlig überdreht, eine braune Masse, bedrohlich schnell. In der Menge der Schaulustigen erspähe ich eine ältere Dame in

sich auf einen türkischen Kaffee und ein bisschen Angeberei treffen. Zagreb hört auch gern zu – der Reisende wird schnell zum Erzähler. Ich erwische mich dabei, wie ich in meinen Gesprächen vom Fragesteller zum Antwortenden werde. Wie ich einen der letzten Hutmacher Zagrebs in der Petrinjska-Straße besuche, er mir von der McDonaldisierung der Stadt erzählt, ich aber irgendwann über Deutschland spreche, über Fußball, übers Schreiben.

Zagreb ist eine kraftvolle Stadt, auch wenn es regnet. Ihre Individualität schöpft sie aus der kreativen Unrast ihrer Kontraste, ihr Wesen sind ihre Geschichten. Sie ist eine alte, etwas eigenwillige Dame mit Siegelring, mit jungem Herz und der schnellen Zunge einer begnadeten Geschichtenerzählerin. ∎

Gegen die

Wand

Das Museum für Zeitgenössische Kunst in Zagreb will Fassaden niederreißen. Es lehnt sich auf, denkt quer – und bringt Kroatiens kulturellen Aufbruch dabei spielerisch auf den Punkt

TEXT **MARTIN TSCHECHNE** FOTOS **GERALD HÄNEL**

Manche Werke sind so menschlich, dass sie durch Mark und Bein gehen: Eine Schulklasse betrachtet die Skulptur »Target 2« von Marija Ujević-Galetović

Es raschelt im Museum. Jemand werkelt, rumort. Unsichtbar noch. Schulterhohe Stelen versperren den Weg; sie tragen Gipsmasken, Gesichtsabdrücke misshandelter Frauen. An einer Mauer, wenige Schritte entfernt, lehnen lebensgroße Figuren aus Polyester, nackt und mit erhobenen Händen wie bei einer Leibesvisitation. Dunkle Adern durchziehen ihre milchig bleiche Haut. Der Krieg, die Gewalt: Wie frisch das alles hier noch ist.

Hinter den Figuren der beiden kroatischen Künstlerinnen Sanja Iveković und Marija Ujević-Galetović trennen hohe weiße Wände einen Raum in dem Saal ab. Von dort kommt das Klopfen und Schaben. Cellophan knistert, jemand schleift etwas über den Boden. Ivan Kožarić bei der Arbeit.

Der Künstler ist eine Ikone. Einer der letzten Überlebenden jener Generation, die mit frechem Witz die Staatsdoktrin des sozialistischen Realismus unterwandert hat, den subversiven Humor von Dada und Fluxus-Kunst begrüßt und in der Pop Art die Chance erkannt hat, ihren Botschaften auch außerhalb der Kunstszene Gehör zu verschaffen.

Kožarić hat die Hemdsärmel aufgekrempelt, bald wird er neunzig Jahre alt. Als im Dezember 2009 das Musej Suvremene Umjetnosti (MSU) – das Museum für Zeitgenössische Kunst – in seiner Heimatstadt Zagreb eröffnete, war allen klar: Kožarić verkörpert eine Tradition, auf die sie hier stolz sein können. Dieser Mann gehörte in das neue Haus, ganz und gar. Gut,

sagte der Alte und verlegte kurzerhand sein komplettes Atelier in den Ausstellungssaal. Jederzeit offen für jeden Besucher.

Das Museum ist ein Prunkstück, das größte und ehrgeizigste Kulturprojekt seit der Staatsgründung 1991. Den Ideenwettbewerb acht Jahre später gewann Igor Franić, ein junger Kroate, und die Direktorin Snježana Pintarić klingt, als könnte sie ihr Glück noch immer kaum fassen. »Der Architekt hat uns Flügel verliehen«, jubelt sie und zeigt auf die offene, kühn gefaltete und auf schlanken Säulen scheinbar schwebende Struktur aus Sichtbeton und viel Glas. Mindestens 100000 Besucher im Jahr wollte Pintarić erreichen und hat dafür ein Programm ersonnen, das Entdeckungen verspricht und zum Mitmachen verlockt. Schon 2010 kamen 260000 Menschen in ihr Museum.

Wenn nur diese Kreuzung nicht wäre! Gut zwei Jahre vor der Museumseröffnung wurde schräg gegenüber die »Avenue Mall« fertiggestellt – das modernste und größte Shopping Center Kroatiens: ein Multiplexkino mit neun Sälen, 130 Geschäfte, besucht von bis zu 25000 Menschen pro Tag. Den Zugang zur Kunst hat dies nicht leichter gemacht: Sechs Fußgängerampeln muss passieren, achtspurige Straßen queren, wer vom Einkaufszentrum ins Museum will. »Selbst sonntags strömen die Menschen nach dort drüben«, sagt Snježana Pintarić, »nur um zu schauen, was es in den Geschäf-

ten gibt. Wir haben schon vorgeschlagen, eine Unterführung zu uns herüber zu bauen.« Einkaufszentrum und Museum existieren Seite an Seite und stehen für einen Konflikt, der auch in Kroatien nicht ausbleibt: Konsum gegen Kunst.

Immerhin hat die Museumsdirektorin die Konkurrenz vor Augen. Das hilft, um dem Angebot von Benetton und Zara, Gucci und Tommy Hilfiger eine Alternative entgegenzuhalten. Erinnern und mahnen soll die Kunst in ihrem Haus, anregen und ermutigen, Beziehungen herstellen, Ideen hervorlocken – aber sie soll auch Spaß machen. Nicht umsonst ging der bislang größte Auftrag an den Objektkünstler Carsten Höller: Begeistert sausen Kinder und Erwachsene heute auf seiner spiralförmigen Doppel-Rutschbahn in die Tiefe des Museumshofs. Die Rutsche ist eine Skulptur, das Rutschen selbst gerät zu einer »lüsternen Panik, die sich auf einen sonst hellen Geist legt«, wie es der französische Autor Roger Caillois ausdrückte.

Und das Museum hat noch viel mehr zu bieten. Die technische Ausstattung ist erstklassig: Schneidetische für Videoproduktionen, Beamer, Monitore, Soundsysteme, Touchscreens für interaktive Museumspädagogik. Das Haus hat einen perfekt ausgestatteten Saal für Theater-, Tanz- und Filmvorstellungen, Hallen mit hohen Decken, intime Kabinette, insgesamt fast 15000 Quadratmeter Nutzfläche. Draußen an der Fassade prangt ein gewaltiger LED-Schirm, über den weithin sichtbar das Programm des Museums flimmert: kroa-

Keiner hätte hier Kunst erwartet. Kulturschaffend waren im Viertel höchstens Sprayer und Hooligans

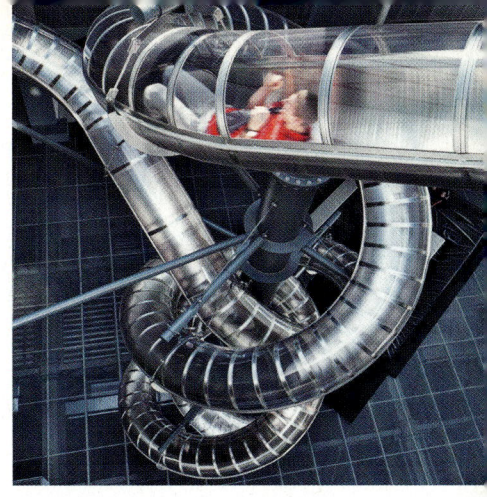

Keine Berührungsängste: Altmeister Kožarić hat sein Atelier komplett ins Museum verlagert, jeder kann ihn hier treffen und sein Werk begreifen

Kunst macht Tempo: Durch die in sich verschlungene »Doppelrutsche« von Carsten Höller sausen Besucher in die Tiefe des Museumshofs

tische Filmtage, das Londoner Künstlerduo Gilbert & George, junge Fotografie aus Zagreb, die Videokünstlerin Danica Dakić. Die von der anderen Straßenseite sollen sehen, was hier alles geboten wird.

Jedes Museum erzählt eine eigene Geschichte. Die Geschichte des MSU in Zagreb handelt vom Aufbruch aus den erstarrten Strukturen der österreichisch-ungarischen Monarchie, vom begeisterten Spiel mit den Freiheiten der Moderne. Sie berichtet von Zeiten des Aufbegehrens und der Flucht aus staatlicher Kontrolle, von der großen Lähmung durch den Krieg und schließlich von dem Wunsch nach Erneuerung und Anerkennung, der unbändig gewesen sein muss.

Was tut ein Land, das sich mit einem spektakulären Auftritt zurückmelden will auf der Weltbühne der Kultur? – Es betritt Neuland, mutig und entschlossen. In diesem Fall ist das wörtlich zu nehmen, denn Novi Zagreb war eigentlich der letzte Platz, an dem man ein modernes Museum erwartete. Bevor das Einkaufszentrum zum Magneten wurde, war das riesige Gebiet im Süden der Stadt eine Betonwüste. Plattenbauten aus sozialistischen Tagen, angefressen, verwohnt, ein Ghetto für 150000 Bewohner. Sein Beitrag zur Kultur des Landes waren allenfalls die Graffiti-Sprüher und die berüchtigten Hooligans des Fußballklubs Dinamo Zagreb. Die Kunst besetzte würdigere Orte auf der besseren Seite des Flusses, nördlich der Save, an den stolzen, von Grün gesäumten Boulevards aus der Habsburgerzeit oder in der idyllischen Oberstadt im Schatten der Kathedrale: die Moderne Galerie etwa mit ihrer Sammlung aus zweihundert Jahren kroatischer Malerei und Plastik, auch

das Kroatische Museum für Naive Kunst oder die Strossmayer-Galerie der Alten Meister in der Unterstadt. Sie definierten die kulturelle Identität des Landes: lauter enge, verwinkelte Kammern mit knarzenden Fußböden, vollgestopft mit Erinnerungsstücken aus alten Zeiten.

Dann kam das neue Museum. Heute legt Snježana Pintarić Discomusik auf, legt ihre Vernissagen so, dass die Besucher noch hereinschauen können, wenn drüben im Unterhaltungstempel das Kino schließt. Videokunst und Kurzfilme sind zu sehen, gestern spielte eine Band im Foyer, morgen gibt es modernes Tanztheater im großen Auditorium. Der Laden brummt.

Ivan Kožarić kneift ein Auge zu, schmunzelt. »Ganz ehrlich«, sagt er, »arbeiten kann ich hier nicht.« Aber er sei vollauf damit beschäftigt, die neue Umgebung in Besitz zu nehmen. Jeden Tag packt er ein weiteres seiner Werke aus. Einen Gipskopf, ein Gestänge aus Leisten, ein Gefäß aus Plastik. Heute ist es eine kleine, weich geschwungene Bronze, die er von ihrer raschelnden Hülle befreit. Unzählige Stücke, Studien und Arbeiten stehen noch als Pakete in den Regalen. Ein Umzug als Happening, als künstlerisches Statement – das hat in diesem Land Tradition. Schon immer waren Kroatiens Künstler auf die Hörbarkeit ihrer Mitteilungen bedacht, bildeten Gruppen, trafen sich für Aktionen. »Gorgona« nannten sie ihre subversiven Zellen oder »Exat-51«, und bis in die Gegenwart halfen ihnen Witz und Groteske bei ihren Auftritten: Tomislav Gotovac, kahlköpfig und splitternackt, küsste den Asphalt seiner geliebten Heimatstadt Zagreb, Braco Dimitrijević persiflierte den Personenkult der

Ära Tito, indem er das Porträt eines x-beliebigen Passanten an einer Fassade in der Innenstadt präsentierte, hoch über den Köpfen der Massen. Heute prangt das Bild an der Stirnwand des großen Saals im Museum, ebenso hoch und unerreichbar, ebenso lächerlich.

Der alte Ivan Kožarić fühlt sich geborgen inmitten der Zeugnisse von Aufbruch und intellektuellem Widerstand. Viele seiner Freunde und Weggefährten sind hier versammelt; junge Künstler zeigen, wie sie die Ideen der Alten weiterentwickeln. Sanja Iveković ließ zur Documenta in Kassel 2007 vor dem Fridericianum ein Mohnfeld aussäen, Dalibor Martinis vertrat sein Land mit Videokunst auf der Biennale von Venedig. Im MSU geben sie Gastspiele.

Und dann ist hier noch dieses eine ganz besondere Werk zu sehen: das erste abstrakte Bild der kroatischen Kunstgeschichte, eine nur untertassengroße Ikone der Moderne, »Pafama«, geometrische Formen, 1922 gemalt von Josip Seissel. Ivan Kožarić war gerade ein Jahr alt, als Seissels Meisterwerk entstand. Heute ist er der letzte große Vertreter der kroatischen Avantgarde. Er steht in seinen Räumen, packt weiter aus und begleitet so Stück für Stück das Museum auf dem Weg in die neue kroatische Gegenwart. ◾

MERIAN | INFO

Museum für Zeitgenössische Kunst (MSU)
Sieben Abteilungen zeigen Malerei, Grafik, Skulpturen und Fotokunst.
Av. Dubrovnik 17
Tel. 0160 52700, www.msu.hr
Di-So 11-18, Sa 11-20 Uhr

DIE INSPIRATION DES REISENS. JEDEN MONAT NEU.

Wählen Sie jetzt Ihr Gratis-Extra und sichern sich Lesegenuss auf höchstem Niveau

Stilvolles Nagelpflegeetui

Das Wüsthof Nagelpflegeetui mit seinen vielen Teilen ist praktisch, klein und somit ideal zum Mitnehmen in der Handtasche und auf Reisen. Das Reißverschluss-Etui ist aus braunem gewalktem Vollrindleder gefertigt. Die verchromten Instrumente sind korrosionsgeschützt, langlebig, und sie haben eine perfekte Oberflächenoptik. Inhalt: 1 Nagelschere; 1 Hautschere; 1 Nagelreininger; 1 Hautschieber; 1 Hautzange; 1 Nagelfeile; 1 Pinzette
Aktions-Nr.: 40 568

geschlossene Ansicht

Zwei exklusive Badetücher von GANT

Die praktischen Badetücher von GANT bieten mit ihrer hochwertigen Qualität, was Sie für einen Wohlfühltag benötigen. Die Badetücher sind dunkelblau gestreift und abgesetzt mit einer sehr schönen roten Paspelierung. Größe: 150 x 100 cm, 100 % Baumwolle, 60 Grad maschinenwaschbar.
Aktions-Nr.: 40 567

Bestellen Sie unter www.merian.de/lesen

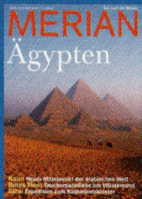

Durch unterirdische Flüsse
im Karst gespeist, entstanden
im Nationalpark Plitwitzer
Seen 16 glasklare Gewässer.
Die Ausflugsboote lau-
fen mit besonders leisen
Elektromotoren, um
die Tierwelt nicht zu stören

Jetzt wird's

Foto: Arthur F. Selbach

wild!

In Kroatiens Nationalparks leben Wölfe und Bären, liegen stille
Seen und tausend Meter tiefe Höhlen. Großartige Natur und der Mensch
mittendrin – beim Wandern, Klettern und Baden am Wasserfall

Foto: Arthur F. Selbach

o Zagreb

o Rijeka

Plitwitzer Seen

o
Pula

o

o Zadar

Diese Landschaft ist filmreif. Im Nationalpark Plitwitzer Seen wurden Karl-May-Filme gedreht, Winnetou ritt hier durch Canyons und Flüsse. Die Kulisse ist gewaltig und wurde 1979 zum Weltnaturerbe erklärt. Berge, Klippen und Felsterrassen umrahmen 16 kristallklare Seen, die miteinander verbunden sind. Über einen Höhenunterschied von 136 Metern fließt das Wasser und stürzt an Dutzenden Stufen in die Tiefe. Die Menschen stehen dicht an den Wassermassen, laufen über Holzstege und erkunden die Natur beim Wandern, Radfahren und per Boot. Im Winter werden die Berge zum Skigebiet.

**Fläche: 29 685 Hektar. Gründungsjahr: 1949.
Eintritt: 15 Euro pro Tag. www.np-plitvicka-jezera.hr**

Krka

o Zadar

o

o Split

Mitten durch ein wildes, von Felsen und Schluchten gezeichnetes Karstplateau fließt die Krka, verzweigt sich, sprudelt durch Stromschnellen und donnert über sieben Wasserfälle. Der imposanteste ist der Skradinski buk: Über 17 insgesamt 45,7 Meter hohe Stufen rauscht das Wasser in einen herrlich klaren See. Die Attraktion: Anders als etwa in den Plitwitzer Seen darf man hier baden. Ein Spektakel, für das der Park berühmt ist. Und nach dem Bad? Rein ins Boot: Eine Tour auf dem Visovac-See ist ein Erlebnis.

Fläche: 10 900 Hektar. Gründungsjahr: 1985. Eintritt: 13 Euro pro Tag. www.npkrka.hr

Foto: Arthur F. Selbach

Kornati-Inseln

Wie karge Buckel liegen sie in der Adria: 89 verkarstete und größtenteils unbewohnte Inseln, die zum Kornati-Nationalpark gehören. Die mit rund 25 Kilometer Länge größte Insel ist Kornat, andere Eilande sind nur Klippen im Meer. Hier und da gibt es Anleger und Restaurants, die lediglich im Sommer geöffnet haben. Beliebt ist der Archipel bei Seglern, Tauchern und Naturfreunden, die wandern oder einfach die Ruhe genießen wollen. Zu erreichen sind die Inseln am besten per organisierter Tagestour etwa von Murter aus.

Fläche: 22 000 Hektar. Gründungsjahr: 1980.
Eintritt: 20 Euro pro Tag (Boote bis 11 m). www.kornati.hr

o Zadar

o Split

E chte Wildnis bietet Istriens Nationalpark Risnjak – Angler und Naturliebhaber finden hier ein unberührtes Revier. An den Hängen der bis zu 1528 Meter hohen Bergkette leben Luchse, Wölfe, Falken und Braunbären. Dichte Wälder erstrecken sich auf dem Gebirge, das die Alpen und die Massive des Balkans verbindet. Beeindruckend ist der Ursprung des Flusses Kupa – eine magisch blaue Quelle in 321 Meter Höhe. Von den Gipfeln ist der Ausblick gewaltig: Über die teils kargen Grate kann man an klaren Tagen bis nach Slowenien und zu den Inseln in der Kvarner Bucht schauen.

Fläche: 6350 Hektar. Gründungsjahr: 1953.
Eintritt: 6 Euro für 2 Tage. www.risnjak.hr

o Rijeka

o Pula

Risnjak

o Zadar

Sjeverni Velebit

D as Velebit-Gebirge zieht sich östlich der Stadt Senj 145 Kilometer an der Adria nach Süden. Interessante Landschaftsformen zeichnen den Park aus, vor allem die Höhlen und markanten Karstfelsen. 1993 wurde Lukina jama entdeckt (Luke's pit), mit 1392 Metern gilt sie als die tiefste Höhle Kroatiens. Den Park durchziehen viele Bergpfade, der Premužićs Trail ist der bekannteste und führt zu den schönsten Aussichtspunkten. Einige Teile des Parks sind noch immer unerforscht und menschenleer, andernorts finden Touristen aber Wander- und Reitwege und uralte Schäferhütten.

Fläche: 10 900 Hektar. Gründungsjahr: 1999.
Eintritt: 4 Euro für 3 Tage. www.np-sjeverni-velebit.hr

Mljet

Einem Tier namens Mungo ist es zu verdanken, dass Besucher auf der Insel Mljet heute gefahrlos wandern und die üppige Natur um die beiden Salzseen genießen können. Die Schleichkatze wurde um 1910 auf die Insel gebracht, um Giftschlangen auszurotten. Mit Erfolg. Hügelketten, Kalksteinfelsen und Karsttäler prägen die Insel, auf der rund 1000 Menschen leben und die zu den schönsten der Adria gehört. Der westliche Teil wurde zum Nationalpark erklärt. Hier wachsen Mastix-Sträucher, Stechwinde, Myrte und dichte Kiefernwälder. Ein Netz von Wanderwegen durchzieht den Park, Attraktion ist die Klosterinsel auf dem Großen See. Fähren fahren täglich von Dubrovnik nach Mljet.

Fläche: 5400 Hektar. Gründungsjahr: 1960.
Eintritt: 12 Euro pro Tag. www.mljettravel.com

Split

Dubrovnik

Paklenica

Über 1750 Meter hoch liegen die beiden Gipfel Vaganski vrh und Sveto brdo, sie sind die markantesten Punkte des Velebit-Gebirges bei Zadar. Zum Meer hin öffnen sich zwei gewaltige Canyons, die Große und die Kleine Paklenica-Schlucht. Velika Paklenica, die große Schlucht, zieht sich über 14 Kilometer und ist bis zu 800 Meter breit. Alpinisten lieben die Landschaft voller zerklüfteter Felsen, Höhlen und Flüsse: Der Park bietet über 360 Kletterrouten. Wer wandern will, findet ein gut ausgezeichnetes Wegenetz.

Fläche: 9500 Hektar. Gründungsjahr: 1949.
Eintritt: 4 Euro pro Tag. www.paklenica.hr

Brijuni

Inseln der Macht: Zum Archipel gehören 14 Eilande, Titos Residenzen sind noch immer in Staatsbesitz, die heutige Regierung empfängt dort ebenfalls Gäste

Der grüne Salon des

Partys, Villen, ein eigener Zoo – Jugoslawiens Präsident schätzte die schönen Dinge. Auf Brijuni empfing Marschall Tito Showstars und Staatschefs

TEXT **BERTRAM JOB**

Ein Film über diese Inseln müsste als sachte Annäherung beginnen, ein träger Zoom ins Azurblaue. So erleben es die Passagiere, die im Hafen von Fažana nahe Pula an Bord der »Peroijka« gehen und sich zwanzig Minuten später einer palmengesäumten Bucht nähern.

Es gibt modernere Fährschiffe als den alten Militärkutter, der nach fünfzig Dienstjahren bald ausgemustert werden soll. Dafür fährt hier die Zeitgeschichte mit. Dieser Kahn hat bereits Schwergewichte wie Willy Brandt, Leonid Breschnew, Jassir Arafat und Fidel Castro befördert. Nicht zu reden von den vollendeten Formen einer Josephine Baker, Sophia Loren, Gina Lollobrigida oder Elizabeth Taylor.

Vor dem kroatischen Festland tummeln sich rund 1200 Inseln, doch um keine von ihnen rankt sich ein so staatstragender Mythos wie um den Brijuni-Archipel. Dessen Hauptinsel war jenes berühmte grüne Wohnzimmer, in dem der jugoslawische Staatspräsident Josip Broz Tito über drei Jahrzehnte hinweg so gern seine wichtigen Gäste empfing.

Schon am Ableger in Fažana zeigt eine Fotoausstellung, wie der Autokrat auf dem Eiland Staat hielt. Ob am Tisch mit dem heiteren westdeutschen Bundeskanzler Brandt, der ihm Feuer für seine Zigarre gibt, oder im Boot mit dem vietnamesischen Diktator Ho Chi Minh. Immer wirkt Tito dabei so jovial, als befände er sich mit guten Kumpeln auf dem Weg zu einem Gartenfest.

Wer heute das Glück hat, auf Brijuni Vladimir Brajković zu treffen, erfährt sogar noch interessante Details aus erster Hand von einem, der damals dabei

war. Seit 1970 arbeitet der leicht ergraute, filigrane Mann im Hotel »Neptun-Istra«, das mit seiner ausgreifenden Architektur die Hafenfront dominiert. Er avancierte schnell zum Bankettchef, der Titos Gesellschaften in seiner berühmten Weißen Villa ausrichtete. Aufgetischt wurde nur vom Feinsten, erzählt Brajković, der Präsident liebte gute Weine, Austern und Fisch. »Die Küche in seinem Haus war fast so groß wie die gesamte Hotelbar.« Wenn alle sich amüsierten, sei der Chef stets sehr entspannt gewesen: »Er war kein komplizierter Mann, wir hatten großartige Abende.«

Genosse Tito wusste schon, wie er seine Gäste gewinnen konnte. Das milde Heilklima hat noch jeden, der seinen Fuß auf die Inseln gesetzt hat, gewogen gestimmt. Flora und Fauna haben sich unter den günstigen Bedin-

1 Viele Monate im Jahr verbrachte Tito auf Brijuni. Fotos zeigen ihn mit Gästen, etwa Willy Brandt 1973
2 Präsidenten unter sich: Tito mit John F. Kennedy
3 Im Cadillac des Staatschefs können sich Besucher über die Insel fahren lassen
4 Der Marschall beim Wein mit Generälen 5 Die Vorfahren der Zebras kamen 1960-61 auf die Insel – ein Geschenk aus Guinea

Herrn Tito

gungen in geradezu verschwenderischer Vielfalt entwickelt. Uralte Eichen und duftende Kiefern gehören mit Zypressen, Eukalyptusbäumen, Stechpalmen und Kakteen zu den fast 500 teils bedrohten Pflanzenarten. Dazu kommen Hirsche, Eidechsen, Rotwild und Mufflons sowie mehr als 150 Vogelarten – freilaufende Pfauen, Käuze und eine ganze Kolonie Kormorane.

Drei Jahre nach Titos Tod, 1983, wurden die vierzehn Inseln, umschwappt von knapp 30 Quadratkilometer Adria, vom Sperrgebiet zum Nationalpark befördert. Seither ruht auch auf der für sanften Tourismus geöffneten Hauptinsel Veli Brijun der Autoverkehr. Den Sommergästen, die in den beiden Hotels »Neptun-Istra« und »Karmen« logieren, stehen Mietfahrräder und Segways zur Verfügung, die Schwärme der Tagesbesucher werden in eine Elektrobahn gesetzt. Vier Stunden dauert die Rundfahrt über die Insel.

Dabei entdeckt man Ruinen einer römischen Sommerresidenz, Reste zweier antiker Gutshöfe, die sich mit Wohn- und Wirtschaftsgebäuden, Bad, Zisterne und Tempel mehr als einen Kilometer über drei Terrassen erstrecken. Wie von Dalí gemalt, ragt eine einzelne Säule in den von Pinienduft erfüllten Himmel. Oder die Reste des Castrums in der Bucht Dobrika an der Westküste: Es entstand auf den Fundamenten des wohl ältesten römischen Landguts an der Adria und wuchs im Lauf der Jahrhunderte zu einer Siedlung heran. Etliche Architekturstile überlagern sich hier. In derselben Bucht sehen Besucher auch die Relikte der Basilika der Heiligen Maria aus dem sechsten Jahrhundert; nicht weit von den beiden Hotels steht die Kirche des Heiligen Germanus mit Kopien der berühmten Fresken von Beram und glagolithischen Schriften.

Und immer wieder grüßt Marschall Tito. Seiner Leidenschaft für Tiere ist der Safari-Park an Brijunis nördlichem

Ende zu verdanken: Bis heute ist er Heimat für Zebras, Antilopen und die Elefantenkuh namens Lanka – ein Geschenk der indischen Regierungschefin Indira Gandhi aus den Siebzigern. Erinnerung an ein weltpolitisches Inselereignis: Ihr Vater, Pandit Nehru, war 1956 zur Ratifizierung des Abkommens über die Gründung der blockfreien Staaten – der Brioni-Deklaration – auf die Insel gekommen.

Von Titos Sinn für Savoir-vivre zeugen drei großzügigen Villen, die jedoch nicht von innen zu besichtigen sind. Staatspräsident Josipović und seine Minister empfangen hier heute ihre Gäste. Tiere, Partys, luxuriöse Häuser – Tito hatte ein Faible für die schönen Dinge des Lebens – und dazu gehörte auch sein 53er-Cadillac. Das flaschengrüne Modell mit den schicken Weißwandreifen ist der große Hingucker vor dem Tito-Museum beim Hotel »Karmen«. Ein gut bewachter Staatsschatz, der jeden Tag poliert wird. Für 400 Euro kann man

1 Staatsmann am Steuer: Tito chauffiert Gäste über die Insel. Seine Frau Jovanka Broz (hinten rechts) ist auch dabei, als 1969 Sophia Loren mit Ehemann Carlo Ponti ein paar Tage auf Brijuni genoss 2 Die Villa Brionka war eines von drei luxuriösen Domizilen, die für die Gäste parat standen

sich darin eine halbe Stunde lang herumfahren lassen.

Manche Reisegruppe wird hier vorübergehend auseinandergerissen: Während die Männer noch um den Wagen herumlaufen, stehen die Frauen längst vor den Fotos, die das Inselleben des Patriarchen illustrieren. Tito, wie er in seinem Garten Mandarinen erntet. Tito, wie er in seinem Haus auf Vanga (heute Krasnica) Kaffee kocht. Tito, wie er mit den Fischern von Fažana morgens auf Beutezug fährt. Tito mit Löwen, Tito mit Leoparden.

Auf den Inseln gab sich der Präsident am liebsten volkstümlich. Brijuni war sein Privatvergnügen, Zufluchtsort – und nebenbei erwies sich die Abriegelung der Inseln als bester Schutz für die lange zuvor so mühsam von Menschenhand inszenierte Landschaft. Die Regie dabei führte der österreichische Stahlmagnat Paul Kupelwieser, der den Archipel 1893 für 75000 Gulden erwarb. Damals war die Vegetation auf den Inseln nicht annähernd so reichhaltig wie heute, etliche Steinbrüche überzogen die Oberfläche. Nicht wenige Zeitgenossen hielten den Erwerb der noch dazu von Malaria befallenen Inseln für einen ausgemachten Flop.

Kupelwieser fand diese Schilderungen »sehr übertrieben« und begeisterte sich für »ein weites Feld, unseren Kindern und deren Kindern Arbeit zu geben«, wie er später in seinen »Erinnerungen eines alten Österreichers« schrieb. Der Industrielle machte sich, halb Herrscher und halb Pionier, mit seinen Architekten und Ingenieuren an den Aufbau der Insel. Erste Hotels entstanden, das Strandbad, eine Wasserleitung durchs Meer sowie ein beheiztes Meerwasser-Hallenbad. Eichenwälder und Spazierwege wurden angelegt, drei Aussichtstürme errichtet.

Kupelwiesers größter Coup war jedoch eine Einladung. 1900 holte er den Begründer der Bakteriologie, Dr. Robert Koch, zur Bekämpfung der Malaria-Epidemie nach Brijuni. In wenigen Jahren waren die Einwohner durchgeimpft und die Mücken samt Larven ausgemerzt. Bei den aufgegebenen Steinbrüchen erinnert seither ein Denkmal an den Nobelpreisträger – gewidmet »dem großen Forscher, dem Befreier der Insel von der Malaria«. Die erste Wellness-Ära auf Brijuni konnte beginnen: Erzherzogin Maria Josepha und Erzherzog Franz Ferdinand stiegen nebst Künstlern und Vertretern des Hoch- und Geldadels im »Belvedere«, »Da Privileggio« und anderen Nobelherbergen ab.

Mit gerafften Kleidern paddelten Blaublütige und Bohemiens im Wasser, beobachteten Vögel und fanden sich zum einen oder anderen Poloturnier ein – bis der Archipel im Ersten Weltkrieg U-Boot-Basis wurde. Nach dem Tod Kupelwiesers 1919 richtete Sohn Karl unter italienischer Flagge eine bis heute gepflegte 18-Loch-Golfanlage ein und eröffnete ein Kasino. In der Weltwirtschaftskrise implodierte der Boom, Kupelwieser Jr. erschoss sich mit einem Jagdgewehr. Im Zweiten Weltkrieg wehte über Brijuni die Flagge der Nazis, etliche Anlagen wurden von den Alliierten zerbombt.

Ob Brijuni jemals anknüpfen kann an seine große touristische Ära? Mehrere Investoren – darunter das italienische Modehaus Brioni – sollen vor Jahren angeblich ein üppiges Wellnesscenter, ein neues Kasino und Grand-Hotels projektiert haben. Doch solange die Inseln Nationalpark und Gedenkstätte bleiben, kann nur wenig Neues errichtet werden. Das schützt die Natur, hemmt aber die Entwicklung. Bei aller paradiesischen Anmutung ist der Renovierungsstau auf Brijuni nicht zu übersehen. Das alte Fährhaus am Anleger müsste dringend renoviert werden. Ebenso das teils im Sezessionsstil erbaute Hallenbad, auf dessen trockenem Grund der Fahrradverleih seine defekten Räder parkt. »Irgendwer müsste etwas unternehmen«, sagt der Mann vom Nationalpark-Tourismus in Fažana. Aber Investoren scheuten die vielen Einschränkungen, und EU-Gelder fließen nicht.

Also werden Vladimir Brajković und seine Kollegen bis auf Weiteres eine überschaubare Anzahl von Gästen im Hotel »Neptun-Istra« bedienen. Das Gros der Besucher hingegen sind Tagestouristen, und wenn die Hauptsaison vorbei ist, hat beinahe jeder Gast im »Neptun« seinen persönlichen Bediensteten in dem weiträumigen Haus.

Abends wird es oft sehr still auf Veli Brijun, was Koki gar nicht gefällt. Der muntere gefiederte Kerl mit dem gelben Schopf hat seinen besten Freund Tito inzwischen um dreißig Jahre überlebt. Das Husten, Lachen und Reden des Präsidenten macht keiner auf den Inseln besser nach als der heimliche Star des Archipels. »Kako ste?«, fragt er alle, die sich seiner Voliere nähern. »Wie geht es dir?« Darauf setzt er den Diskurs in wechselnden Zungenschlägen fort – mal Kroate, mal Italiener und mal auch bloß Gelbhaubenkakadu. Ein Besuch auf Brijuni war eben schon immer ein weltläufiges Vergnügen. ∎

Entdecken Sie den **Snob** in sich.

Mein Turm

Hier können Sie übernachten. Aufs Meer blicken. Dem Wind lauschen.
Die Wolken grüßen. An Kroatiens Küsten und auf den Inseln
stehen viele wunderschöne alte Leuchttürme und warten auf Gäste

Ungewohnt wohnen
Von Istrien bis in
den Süden Dalmatiens
können 13 alte
Leuchttürme als ein-
sames Urlaubs-
domizil gebucht werden

**Was für ein Ferienhaus:
der Leuchtturm der
Insel Sv. Ivan na pučini,
erbaut 1853**

Sie stehen auf einsamen Inseln, umbrandeten Felsen und entlegenen Klippen: 13 alte Leuchttürme, die Kroatiens Küsten schmücken und noch heute in Betrieb sind – in denen Gäste aber trotzdem übernachten können. Die Leuchttürme wurden dafür teils restauriert und Ferienwohnungen eingerichtet. Das trinkbare Wasser vor Ort stammt – wie in alten Zeiten – aus Zisternen, Verpflegung müssen die Gäste selbst mitbringen. Kochgelegenheiten gibt es in jeder der urigen Leuchtturmwohnungen. Leuchttürme, die an den Festlandküsten stehen, erreichen die Gäste am besten mit dem Auto, sonst werden sie von einem Boot zur jeweiligen Insel gebracht. Und sogar meerverliebte Typen mit einem fast ausgestorbenen Beruf kann man hier treffen: Außer in den Türmen von Rt Zub, Prišnjak, Pločica und Sv. Petar werden alle Anlagen noch von waschechten Leuchtturmwärtern gewartet und bewohnt. So auch

der einsame Turm von Porer, 35 Meter hoch, erbaut 1833. Er thront auf einer nur 80 Meter breiten Felseninsel und bietet zwei Wohnungen mit je vier Betten. Kapitän Ivan Giotta fährt die Gäste persönlich mit seinem Boot zur Insel, wo angeblich einer der schönste Sonnenuntergänge der Adria zu sehen sein soll. Der Leuchtturm auf der Insel Sušac liegt ganze 23 Seemeilen weit draußen im Meer und wurde 1878 direkt an die Steilküste gemauert. Auf der Insel gibt es Wanderwege und schöne Buchten zum Baden.
Zu den bisher bewohnbaren Leuchttürmen sollen noch weitere 15 hinzukommen, ebenfalls ausgestattet für eine Robinsonade in wilder maritimer Welt. Wohnen kann man in ihnen bis zu einer Woche. Die Preise beginnen je nach Saison und Leuchtturm bei 69 Euro pro Nacht und enden zwischen 299 bis 1299 Euro pro Woche. Informationen unter
www.lighthouses-croatia.com

Split

Und ewig lockt die Stadt

Blaue Stunde. Abends leuchtet die Riva, Splits berühmte Promenade. In den Cafés am Wasser brodelt das Leben

Sünde ist es, hier zu arbeiten. Diese Stadt musst du riechen, spüren, genießen. Die Schauspielerin Lea Mornar ließ sich treiben und entdeckte für MERIAN ihre Heimat neu

TEXT **LEA MORNAR** FOTOS **ARTHUR F. SELBACH**

Das Lächeln einer Heimkehrerin: Lea Mornar lebte in Split bis sie 17 Jahre alt war. Einer ihrer Lieblingsorte heute ist das Café »Luxor«

Sitzplatz auf 1700 Jahre
alten Mauern. Die Kathedrale
steht mitten im Diokletianspalast. Was museal wirkt, ist
lebendiges Zentrum der
Altstadt. 3000 Menschen wohnen und arbeiten auf dem
Palastgelände. In den Gängen
und Höfen liegen Cafés,
Bars und Geschäfte

Shoppen, wo früher Wächter standen. Das Eisen-Tor im Westen war einer der vier großen Zugänge zum Palast. Noch heute sind die bis zu zwei Meter dicken Mauern zu sehen

Steinaltes Pflaster. Der Einkaufsbummel wird zum Gang durch die Jahrhunderte

Ende Oktober, es ist noch Sommer in Split. Und immer Zeit für einen kühlen Drink unter Palmen an der Riva

Touristen knipsen den Hafen vom Glockenturm der Kathedrale. Weit über 200 Kreuzfahrtschiffe laufen Split jedes Jahr an

Träumer, Touristen, Paare und Poser. An der Riva sind sie alle, die Kellner tanzen um die Tische

Waschechter Fischer. Lea Mornars Großvater Ivan, 86, fährt noch heute mit seinem Boot raus aufs Meer

Oktober. Die Luft ist noch warm und mild. Ich lehne mich zurück, zünde mir eine Zigarette an. Ich bin in Split. Schließe die Augen, rieche das Meer. Es ist ganz in meiner Nähe. Im Hintergrund zerschneiden Tennisbälle die Luft. Als Kind spielte ich auch auf der Anlage da vorn. Neben mir schlug der junge Goran Ivanišević seine Bälle, er zertrümmerte schon damals leidenschaftlich seine Schläger. Eines Tages gewann er Wimbledon. Ich aber stellte irgendwann fest, dass mir die Begeisterung für den Sport fehlte; mit einem Gang ins Theater beendete ich die Ambition meiner Eltern.

Ich puste den Rauch aus, blicke auf den Nachbartisch. Da türmen sich Garnelen, Krabben, Muscheln, Tintenfische. Der Geruch von gegrilltem Fisch kommt herüber. Und mit ihm so viele Bilder. Es tut gut, wieder hier zu sein. Umzukehren. Die Erinnerungen aufzuspüren. Meine Sprache zu hören.

Mir fällt die Geschichte von meinem Großvater Ivan ein, die er mir als Kind erzählte und die mich so oft zum Lachen gebracht hat. Es war ein heißer Julitag, unten in Omiš am Meer, es war das Jahr 1963. Großvater hatte beim Angeln einen großen Barsch geködert, aber Fisch und Leine hatten sich in der Tiefe verfangen. Großvater Ivan sprang ins blaue Wasser, tauchte ab und folgte der Schnur. Er zog, ein dreißig Kilo schwerer Zackenbarsch kam zwischen den Unterwasserfelsen zum Vorschein. Der Fisch rebellierte, aber Großvater schaffte es irgendwie, den Fisch an die Oberfläche zu bringen.

An Land schnappte er sich den Ast eines Olivenbaums, stach ihn mitten durch das mächtige Maul. Dann schulterte er die Beute. Die Kiemen schlugen auf seine Haut, das warme Blut lief ihm den Nacken runter. Stolz marschierte Ivan die Hauptstraße entlang,

in der gleißenden Mittagssonne. Die Menschen machten große Augen und klatschten, kamen von allen Seiten auf ihn zu. Ein Fotograf, der in einem Café saß und das Bild knipsen wollte, sprang auf, der Kellner flitzte mit der Rechnung hinter ihm her. Hastig packte mein Großvater den Fisch in eine große Kiste und bestieg damit den Bus nach Split. Aber der Fisch lebte noch.

Im Bus zuckte der Barsch, die ganze Kiste wackelte. Die Menschen erschraken, Kinder kreischten, versteckten sich unter den Sitzen. Panik brach aus. Der Fahrer bremste, kam aufgeregt auf Ivan zu. Der lächelte und sagte, dass in der Kiste nur ein Fisch sei. So fuhr mein Großvater mit dem großen zappelnden Zackenbarsch im Bus durch die Vororte Richtung Split. Den Kopf bekam sein Bruder. Den Rest machte er auf dem Markt zu Geld.

Die Geschichte trägt so viele Gerüche und Bilder in sich. Sie birgt mein altes Split.

Mein Essen ist da. Langusten, Scampi, Tintenfische, Fisch-Carpaccio, Roter Drachenkopf. Und Wein. Natürlich Wein! Nach dem Essen spaziere ich durch den grünen Pinienwald von Bačvice. In den heißen Sommernächten treffen sich hier die Verliebten. Weit von fremden Blicken, Händchen haltend, flirtend. Mitten im Wald liegt das alte Sommerkino. Unter freiem Himmel auf der riesigen Leinwand liefen früher Bogart, Bacall und John Wayne. Die Kinder versteckten sich in den Bäumen, sie hatten kein Geld für die Plätze. Gebannt klemmten sie zwischen den Zweigen, und zu später Stunde fielen sie manchmal herunter und wurden vom verärgerten Kinowächter durch den Wald gejagt und erwischt. Dann setzte es Prügel von den Eltern, die gerufen wurden.

Ich schlendere weiter, runter zum Meer. Blicke auf die Inseln, die verstreut auf der glitzernden Meeresober-

Das Blut des Zackenbarschs lief Großvater über den Rücken. So stieg er in den Bus nach Split

fläche liegen. In den Bars und Cafés sitzt die Jugend, schick gekleidet, sonnengebräunt. Ihre Blicke verstecken sie hinter schwarzen Sonnenbrillen, um ungestört flirten zu können. Im seichten Meer vor dem langen Sandstrand spielen die Jungs *picigin*, der Ball wird dabei über das flache Wasser gedroschen, aber er darf es nicht berühren. Die Rentner mit den unrasierten Gesichtern hauen die Karten auf die Tische, Kinder hopsen auf dem Trampolin, laut und glücklich, während die Mütter vor sich hin dösen. Unbeschwert. Von der Sonne nimmersatt. Etwas weiter, noch immer am Meer, bleibe ich vor dem Nachtclub »Shakespeare« stehen. Hier verlor ich damals mein Herz in einer Sommernacht an einen Italiener. Ich ging nach Rom, schlief in Autos, wurde wegen illegalen Aufenthalts verhaftet und prompt

Split ist eine Schönheit: Boote am Kai, die roten Dächer der Altstadt, die längst über den Palast hinausgewachsen ist, und gleich dahinter der Wald

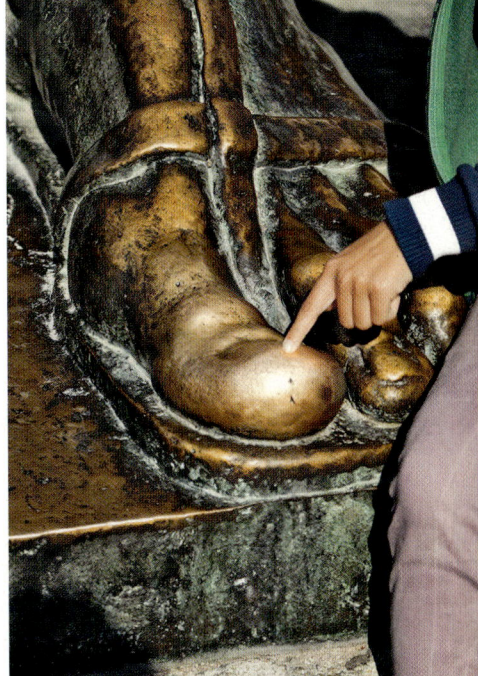

Der große Zeh des Bischofs Gregor soll Glück bringen. Ivan Meštrovićs Skulptur wird deshalb oft am Fuß gestreichelt

zurück nach Kroatien geschickt. Welche Verzweiflung! Wieder zu Hause, schnappte ich mir den Motorroller und fuhr einfach drauf los. Die Fahrt führte nicht in die Freiheit. Sie endete im Dröhnen der Bomben.

Am 15. November 1991 feuerte das Kriegsschiff »VPBR-31 Split« auf die Stadt, die eben diesen Namen trug. Ich saß in der Küche meiner Großeltern, die nun in Viniśće bei Split lebten. Wie gelähmt verfolgten wir die Attacke im Fernsehen. Dabei wünschte ich, auch ein Gewehr zu tragen. So wie damals in der Schule, als wir Halbwüchsigen auf dem Übungsplatz standen, um auf nummerierte Scheiben zu schießen. AK 47-Sturmgewehre in den Händen.

Spätabends auf meinem Hotelzimmer läuft im Fernsehen »Kroatien sucht den Superstar«. So fern ist der Krieg. So nah ist man heute dem Rest Europas.

Ich muss raus, ins Leben. Es ist Zeit, alte Freunde wiederzusehen. Wir fahren durch die Stadt, ziehen herum. Dann führt uns mein Freund Boris ge-

MERIAN | VITA

Lea Mornar, 1972 in Split geboren, zog mit 17 nach Rom, später nach London. Heute lebt sie in Berlin. Als Schauspielerin wurde sie mit einem Video der Toten Hosen und Rollen fürs deutsche Fernsehen (*ZDF, arte*) bekannt. Sie spielte in erfolgreichen Kinofilmen wie »Liebe deine Nächste!« (1998) von Detlev Buck und wirkte in internationalen Produktionen mit. 2011 ist sie im Film »Ausgerechnet Lulu« von Kai Wessel und neben Birol Ünel in »Method« zu sehen. Lea Mornar mag das Meer. »Mornar« heißt auf Deutsch Seemann.

Zu Hause in Vinišće bei Split. Mornar mit Oma Anka, 82 Jahre alt

singen laut mit, ohne die Töne zu treffen. Es sind die Songs über Jugoslawien, die uns heute Abend so bewegen. Das letzte Mal, als ich diese Stücke hörte, war in der Nacht, als »Er« gestorben ist. Am Sonntag, den 4. Mai 1980, spielte Splits Fußballmannschaft Hajduk gegen Crvena Zvezda aus Belgrad. Es war kurz vor der Halbzeit, als eine Lautsprecherdurchsage das Spiel unterbrach. Die Nachricht von Titos Tod legte nicht nur das Stadion »Poljud«, sondern das ganze Land lahm.

Die Spieler fingen an zu weinen, 50 000 Menschen standen auf und umarmten sich – mit dem Rest Jugoslawiens. Sie sangen mit Augen voller Tränen: »*Druže Tito, mi ti se kunemo da sa tvoga puta ne skrenemo*« – »Genosse Tito, wir schwören dir, dass wir von deinem Weg nicht abweichen«. Alle verließen das Stadion, marschierten auf die Straßen. Die Menschen strömten aus ihren Wohnungen und Büros und schlossen sich an. Ganz Split sang das Lied wieder und wieder. In dieser Nacht starb Jugoslawien.

Mit der Morgendämmerung verlassen wir die Bar, stehen mitten auf dem Marktplatz, die ersten Händler bauen schon ihre Stände auf, der Geruch von Orangen, Feigen und Oliven steigt in unsere Nasen. Wir bekommen Hunger. Kaufen Schinken, Käse, Trauben, holen frisches Brot aus einer Bäckerei. Ein alter Mann sitzt in der aufgehenden Sonne, er verkauft Schnaps und Honig.

Der Tag beginnt. Wir gehen später in die Stadt, das »Luxor« hat schon auf. Das wunderschöne, alte Kaffeehaus liegt direkt im Peristyl, mitten im Gebrodel zwischen den Palastmauern. Schräg gegenüber von uns thront eine schwarze Sphinx, die Figur entstand vor 35 Jahrhunderten, sie ist eines der ältesten Schmuckstücke im Diokletianspalast. Die Einwohner von Split nennen sie Grongona. Der amerikani-

sche Milliardär Cornelius Vanderbilt wollte die berühmte Skulptur einmal kaufen. Wie anmaßend! Natürlich sagte Split nein.

Wir sitzen draußen auf den Stufen. Der Mokka wird auf Holzplatten serviert. Drinnen im Café wirft ein Lüster Licht auf den stilisierten Kopf des legendären Journalisten Miljenko Smoje. In den letzten fünfzig Jahren hat er das Bild von Split in zahllosen Büchern, Theaterstücken und Drehbüchern gezeichnet und geprägt. Smoje schrieb mal: »Es ist eine Sünde, in Split zu arbeiten, es soll verboten sein, in Split zu arbeiten, so wie jede Anstrengung, außer der, die mit Vergnügung zu tun hat.«

Ich erreiche die Riva, die Prachtpromenade von Split. Hier sind sie alle. Die Einheimischen, Mütter mit Kindern, Träumer, verliebte Paare, Künstler, Schüler, Hunde, Poser. Sie spiegeln sich in den blitzenden, gläsernen Vitrinen der schicken Shops und Boutiquen. Die Kellner tanzen um die Tische. Rauchende Taxifahrer freuen sich auf die Touristen, die gerade von den Fähren und Kreuzfahrtschiffen strömen und in Gruppen zusammenhalten. Vor mir das Meer und die Schiffe, die im Hafen ein- und auslaufen, über das Mittelmeer und zu den Inseln und Geschichten mit sich tragen.

Ich lasse mich treiben. Wandele zwischen den gewaltigen Steinmauern, durch kleine Gassen. Weiter. Zum Fischmarkt. Es ist laut hier, rastlos, ungezähmt. Ich rieche das Meer. Das Salz und Blut, das von den Verkaufstischen abgewaschen wird. An den Geldscheinen, die durch die Luft rasen, kleben Reste von Innereien und der Schweiß der Fischer, den sie sich von ihren Stirnen abwischen. Schwefelgeruch von uralten Quellen weht herüber. Ich schließe die Augen. Und es ist, wie es immer war. In ihren Gerüchen verstecken sich die Geheimnisse, versteckt sich die Essenz dieser Stadt. ∎

heimnisvoll über einen leeren Marktplatz zu einem verrammelten Obstladen. Er klopft an die Tür. Kurz darauf rumpelt es, die Blechfront rattert nach oben. Wir treten ein, stehen mitten in einer verrauchten Biker-Bar.

Kein Tourist kommt hierher. Hinter dem Zigarettenrauch sind glühende Augen auf uns gerichtet, die Gesichter schwer einzuschätzen. Plötzlich springt die alte Jukebox an. Und mit ihr mein Herz. Boris lacht mich an. Wir bleiben lange, sehr lange. Hocken am Tresen, trinken, lachen, reden. Vor uns stapeln sich die leeren Gläser. Die Musik spielt immer noch. Wir lassen uns mitreißen,

Händler bauen im Morgengrauen ihre Stände auf.
Es riecht nach Orangen und Feigen. Der Tag beginnt

Reise sonntags mit dem Kopf um die Welt. Und später mit dem Rest hinterher.

I ♥ SONNTAG

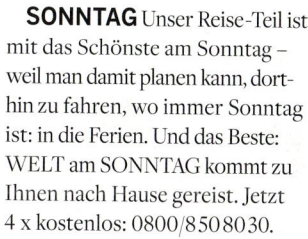

SONNTAG Unser Reise-Teil ist mit das Schönste am Sonntag – weil man damit planen kann, dorthin zu fahren, wo immer Sonntag ist: in die Ferien. Und das Beste: WELT am SONNTAG kommt zu Ihnen nach Hause gereist. Jetzt 4 x kostenlos: 0800/85 08 0 30.

Gebührenfrei aus dem deutschen Festnetz. Oder einfach unter www.wams.de/lesen

EIN BESONDERER TAG VERDIENT
EINE BESONDERE ZEITUNG:

AUTOREN UND FOTOGRAFEN

AILEEN TIEDEMANN

ist Autorin in Hamburg und verbrachte für ihre Reportage sechs Tage in Dubrovnik. Dabei traf sie auch den Schauspieler Miše Martinović. Früher spielte er große Rollen wie Othello, heute sitzt er am liebsten in Cafés und genießt sein Dubrovnik.

GERALD HÄNEL

reiste mehrere Wochen durch Kroatien, um neue Motive und außergewöhnliche Stimmungen einzufangen. Der Hamburger Fotograf ließ sich sogar von Fischern rausfahren. »Vom Meer aus ist Kroatien am schönsten.«

Den **MERIAN kompass** recherchierte und schrieb Marc Bielefeld.

FOTO-SYNDICATION

Alle MERIAN-Fotos werden über die Syndication des Jahreszeiten Verlags vertrieben Tel. 040 2717-2002, Fax 040 2717-2089, www.jalag-syndication.de
Hotel- und Gastronomie-Fotos finden Sie unter www.gourmetpictureguide.de

BILDNACHWEIS

Anordnung im Layout: o=oben, u=unten, r=rechts, l=links, m=mitte. Titel: Arthur F. Selbach; S.3 lo Michael Müller ru A.F. Selbach; S.4/5, 4 m, u, 5 u A.F. Selbach, 5 m Gerald Hänel; S.8 lo Sheldon Levis/photolibrary, ro Alfred Schott, lu Uyen Le/istockphoto, ru Pulfer/Interfoto, S.10 lu Creativ Studio Heine/imagebroker/medicalPicture, rm SIME/Schapowalow, S.12 o Ilija Veselica, lu Masa Pesut/photocroatia.com, ru Denis Cigir/istockphoto; S.14-17, 20-27 A.F. Selbach, S.18-19 G. Hänel; S.28 David Finck; S.32-40 G. Hänel; S.42 Miro Kerner/ Dubrovnik in war/Matica hrvatska, S.43 G. Hänel; S.44-50 G. Hänel; S.51 G. Hänel, S.54-64 A.F. Selbach, S.66/67 Simeone Huber/gettyi mages, S.66 u, 67 u Kroatische Zentrale fur Tourismus; S.68-73 A.F. Selbach, S.74-81 G. Hänel; S.82-85 G. Hänel, S.82, 85 ro VG Bild-Kunst, Bonn 2011; S.88-91 A.F. Selbach, S.92 Fabijani/ Kroatische Zentrale fur Tourismus, S.93 o vario images, u Johanna Huber/Bildagentur Huber, S.94 SIME/Schapowalow, S.95 Madej/laif; S.96 Babi /Kroatische Zentrale fur Tourismus, S.97 lo, lu A.F. Selbach, S.97 ro, um, 98 lo Bettmann/CORBIS, S.97 ru Horvath/Anzenberger, S.98 ro Tetu/laif; S.100 A.F. Selbach; S.102-110 A.F. Selbach; S.112 u Saša Staniši ; S.113, 114, 115, 116, 120 l, 121, 130 lm, 133, 134 A.F. Selbach, S.117, 119 l, 120 r, 124, 125, 137, 143/144 G. Hänel, S.119 r Pervan/ Kroatische Zentrale fur Tourismus, S.128 Bernhart/picture-alliance, S.129 Euler/jalag-syndication.de, S.130 om Grundmann/jalag-syndication.de, ro Solic/Reuters/Corbis, mu Gräfe und Unzer/jalag-syndication.de, ru Einwanger/Gräfe und Unzer KV/jalag-syndication.de, S.138 kojankoral.hr, S.142 Tci/Marka/Interfoto; S.145 ro kpa/picture alliance S.146 o, lu Darshana Borges, ru Gudrun Petersen

Wir bedanken uns bei der Kroatischen Zentrale für Tourismus für die Unterstützung.

TITELFOTO

Den Blick auf die Insel Rab und ihre Kirchtürme fotografierte Arthur F. Selbach

IMPRESSUM

Heft 6/2011 – Kroatien. Erstverkaufstag dieser Ausgabe ist der 26. 5. 2011
MERIAN erscheint monatlich im Jahreszeiten Verlag GmbH, Poßmoorweg 2, 22301 Hamburg
Tel. 040 2717-0 Redaktion Tel. -2600, Fax -2628, E-Mail: redaktion@merian.de
Leser- und Aboservice Tel. 040 87973540, Postfach 601220, 22212 Hamburg
Internet www.merian.de

Herausgeber Manfred Bissinger
Chefredakteur Andreas Hallaschka
Stellv. Chefredakteur Hansjörg Falz
Art Directorin Sabine Lehmann Textchefin Kathrin Sander
Redaktion Charlotte von Saurma, Peter Münch Bildredaktion Katharina Oesten, Eva M. Ohms
Layout Dorothee Schweizer (stellv. AD) Lektorat, Dokumentation Jasmin Wolf (Leitung)
Karin Harder (CvD/Herstellung), Tibor M. Ridegh (CvD) Redaktionsassistenz Sabine Birnbach
Konzeption dieser Ausgabe Marc Bielefeld (Text), Katharina Oesten (Bild)
Mitarbeiter dieser Ausgabe Inken Baberg, Ricarda Gerhardt, Stefanie Plarre (Dokumentation)
Cornelia Böhling, Helmut Golinger, Beke Jürgensen, Ingrid Koltermann (Grafik)
Violetta Bismor (Bildredaktion); Angela Niggemeyer, Britta Winkgens (Praktikantinnen)
MERIAN-Autoren Barbara Baumgartner, Roland Benn, Sybille Berg, Marc Bielefeld, Christine Gräfin von Brühl, Alex Capus, Teja Fiedler, Oliver Fischer, Lena Gorelik, Bertram Job, Thorsten Kolle, François Lelord, Clemens Meyer, Jonas Morgenthaler, Petra Reski, Johannes Schweikle, Saša Stanišić, Kai Strittmatter, Ilija Trojanow, Martin Tschechne (Kulturkorrespondent), Michael Wallner, Juli Zeh

Geschäftsführung Joachim Herbst, Dr. Jan Pierre Klage, Peter Rensmann, Hermann Schmidt
Verlagsleitung Premium Magazine Oliver Voß
Group Head Anzeigen Premium Magazine Roberto Sprengel
Anzeigenleitung Sabine Rethmeier Anzeigenstruktur Patricia Hoffnauer
Marketing Kenny Machaczek, Justus Hertle, Sonja Wünkhaus
Vertrieb PSG PREMIUM SALES Germany GmbH, Poßmoorweg 2-6, 22301 Hamburg
Vertriebsleitung Jörg-Michael Westerkamp (Zeitschriftenhandel), Mike Husmann (Buchhandel)
Verantwortlich für den redaktionellen Inhalt Andreas Hallaschka
Verantwortlich für Anzeigen Roberto Sprengel

Verlagsbüros Inland
Hamburg: Tel. 040 2717-2595, Fax 040 2717-2520, E-Mail: vb-hamburg@jalag.de
Hannover/Berlin: Tel. 0511 856142-0, Fax 0511 856142-19, E-Mail: vb-hannover@jalag.de
Düsseldorf: Tel. 0211 90190-0, Fax 0211 90190-19, E-Mail: vb-duesseldorf@jalag.de
Frankfurt: Tel. 069 970611-0, Fax 069 970611-44, E-Mail: vb-frankfurt@jalag.de
Stuttgart: Tel. 0711 96666-520, Fax 0711 96666-22, E-Mail: vb-stuttgart@jalag.de
München: Tel. 089 997389-30, Fax 089 997389-44, E-Mail: vb-muenchen@jalag.de

Repräsentanzen Ausland
Belgien/Frankreich Adnative sarl, Tel. +33 1 53648890 91, Fax +33 1 45002581
E-mail: paris@adnative.net <mailto:imc@international.fr> Großbritannien Publicitas Ltd,
Tel. +44 20 75928300, Fax 7592 8301, E-Mail: jeremy.butchers@publicitas.com
Österreich Publimedia Internationale Verlagsvertretungen GmbH, Tel. +43 1 2115342,
Fax 212 1602, E-Mail: andrea.kuefstein@publicitas.com Schweiz Publicitas International AG,
Tel. +41 61 275 46-09, Fax 2754730, E-Mail: basel-international-magazines@publicitas.com
Italien Media & Service International Srl, Tel. +39 02 48006193, Fax +39 02 48193274,
E-Mail: info@it-mediaservice.com Spanien Alcalá Media International Media Representations,
Tel. +34 91 3269106, Fax +34 91 3269107, E-Mail: m.vandereb@alcalamedia.com
Dänemark über Verlagsbüro Hamburg Niederlande über Verlagsbüro Düsseldorf
Luxemburg über Verlagsbüro Frankfurt

Die Premium Magazin Gruppe im JAHRESZEITEN VERLAG

A&W Architektur&Wohnen   COUNTRY   DER FEINSCHMECKER   WEIN Gourmet   MERIAN

Gültige Anzeigenpreisliste: Nr. 2
Das vorliegende Heft Juni 2011 ist die 6. Nummer des 64. Jahrgangs.

Preis im Abonnement im Inland monatlich 6,79€ inklusive Zustellung frei Haus.
Der Bezugspreis enthält 7% Mehrwertsteuer.
Auslandspreise auf Nachfrage. Postgirokonto Hamburg 132 584 201 (BLZ 200 100 20)
Commerzbank AG, Hamburg, Konto-Nr. 611657800 (BLZ 200 400 00)
Führen in Lesemappen nur mit Genehmigung des Verlages. Printed in Germany

Weitere Titel im Jahreszeiten Verlag
FÜR SIE, PETRA, VITAL, PRINZ, Architektur & Wohnen, COUNTRY, DER FEINSCHMECKER
WEIN GOURMET, SCHÖNER REISEN, ZUHAUSE WOHNEN, SELBER MACHEN
Litho Alphabeta Druckformdienst GmbH, Hamburg.
Druck und Verarbeitung heckel GmbH, Nürnberg,
ISBN: 978-3-8342-1106-4, ISSN 0026-0029, MERIAN (USPS No. 011-458) is published monthly.
by JAHRESZEITEN VERLAG GMBH. Subscription price for USA is $ 110 per annum.
K.O.P.: German Language Publ., 153 S. Dean Street, Englewood NJ 07631.
Periodicals postage is paid at Englewood NJ 07631, and at additional mailing offices.
Postmaster: Send address changes to: MERIAN, GLP, PO Box 9868, Englewood NJ 07631

Ein Unternehmen der
GANSKE VERLAGSGRUPPE

MERIAN kompass

AUSGEWÄHLTE TIPPS UND ADRESSEN

WAS TUN IN KROATIEN?

Die grandiosen Ausblicke an der **Makarska-Riviera** genießen 114
Durch die wunderschöne Altstadt von **Rovinj** spazieren 117
Im alten **Diokletianspalast** von Split shoppen, flanieren und staunen 118
Den Klängen von **Zadars Meeresorgel** lauschen 124
Zurücklehnen und preisgekrönte Streifen beim **Zagreb Filmfestival** anschauen 125
Frische Austern in **Mali Ston** bestellen 129
Zelten mit Meerblick auf den schönsten **Campingplätzen** im Land 132
Mit dem **Kajak** zu einsamen Inseln paddeln 136

Foto: Arthur F. Selbach

Auf einen Sprung ins Wasser: Überall im Land findet man
kleine Badestellen wie hier in der Bucht von Cavtat

MERIAN | DAS BESTE ZUERST

Schöner als Fliegen

Steile Berge, Klippen, Weitblick aufs Meer:
Die Küstenstraße Nummer 8 von Split nach Dubrovnik
windet sich durch eine phantastische Kulisse

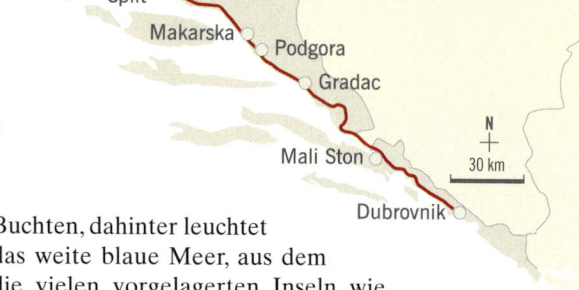

Wer mit dem Auto von Split nach Süden fährt, erlebt vor der Windschutzscheibe erhebendes Kino. Die Strecke an der Küste kann sich fast mit dem berühmten Highway One in Kalifornien messen: Die rund 250 Kilometer lange Fernstraße Nummer 8 (ab dem Ort Ston auch als E 65 ausgezeichnet) liefert grandiose Aussichten auf die vielleicht schönsten Steilküsten Kroatiens. Der Blick fällt auf kleine Fischer- und Bergdörfer, kippt die Felsen hinab, unten liegen Badeorte, menschenleere

Großes Kino: die Steilküste der Makarska-Riviera

Buchten, dahinter leuchtet das weite blaue Meer, aus dem die vielen vorgelagerten Inseln wie Dinosaurierbuckel ragen.

Südlich von Split führt die Strecke zunächst durch das malerische Omiš, es folgt die Makarska-Riviera, berühmt für ihre kleinen Ferienorte. Weiter südlich wird die Landschaft wilder, einsamer, grüner, und die Bergflanken werden steiler. In Serpentinen und schwindelerregend nah an die Felskanten getrieben, schlängelt sich die Straße weiter nach Südosten, vorbei an den Orten Podgora und Gradac. Ein kurzes Stück (rund 10 km) fährt man nun durch Bosnien-Herzegowina, kommt – wieder auf kroatischem Boden – am Muschelmekka Mali Ston vorbei. Hier sollte man auf jeden Fall eine Pause einlegen, um die köstlichen Meeresfrüchte und Austern zu genießen. Einige letzte Kurven, und schließlich liegt einem die Altstadt von Dubrovnik zu Füßen.

Wer die Strecke gemütlich abfährt, hier und da einen Stopp zum Baden einlegt, für einen Kaffee oder zum Essen hält, braucht von Split nach Dubrovnik etwa sechs Stunden. Und allein für diese Küstenstrecke lohnt es sich, einen Mietwagen zu nehmen. Nicht mal Fliegen ist schöner.

DER NORDEN: ISTRIEN & DIE KVARNER BUCHT

Kroatiens westlichster Teil, Istrien, ist bekannt für sein grünes Hinterland, seinen Trüffel und die historischen Küstenorte. Ein Paradies für Wassersportler und Sonnenanbeter schließt sich Istrien an: die Kvarner Bucht. Hier liegen größere Inseln wie Rab, Krk, Cres und Lošinj, aber auch kleine Eilande sowie die Riviera von Opatija und die Riviera Hrvatsko primorje.

Brijuni & Nationalparks

(A 2) Die Insel ist das einstige Privatrefugium Titos, heute ein Nationalpark. Siehe dazu auch die Reportage zu Brijuni ab Seite 54 sowie die Nationalparks im Überblick ab Seite 94.

Cres und Lošinj

(B/C 1-3) Die Inseln Cres und Lošinj sind zwei äußerst beliebte Badeinseln in der Kvarner Bucht. Die Römer schufen einst einen Durchbruch zwischen den Inseln, heute sind sie durch eine Brücke verbunden. Lošinj ist gut erschlossen,

es gibt Cafés, Restaurants, Hotels und Marinas für Segeljachten. Cres gilt als die Ökoinsel, wild und urtümlich. Touristische Höhepunkte sind das Franziskanerkloster vor der Stadt Cres, Wanderungen zu den Brutplätzen seltener Geier und Ausflüge zu nahen, autofreien, kleineren Inseln, die nur per Boot erreichbar sind. Vor allem aber lieben die Gäste die üppige Natur und die schönen Badestellen.

Kamenjak

(B 2) Im südlichsten Istrien zerfranst die Küste – nur noch eine Landzunge wächst ins Meer. Fast 10 km ragt die schmale Halbinsel Kamenjak in die Kvarner Bucht, bis zum Kap Kamenjak, dem südlichen Zipfel Istriens. Sie ist maximal 1,5 km breit. Von jeder Stelle der engen Küste blickt man auf das weite Blau der Adria. Pisten führen über den Kamm der gesamten Halbinsel, vorbei am Ort Premantura, bis in den tiefen Süden und an vielen Stellen auch zu stillen Buchten und Stränden, wo man gut baden kann. Die Halbinsel ist mit dem Auto zu befahren, doch ist dann Eintritt zu zahlen. Fahrradfahrer können die Pisten kostenlos entdecken – und radeln durch einsame und weitenteils wunderschöne Natur. Zwischen Kamenjak und Medulin liegen einige winzige Inseln im Meer. Wer die Fischer nett fragt, wird für kleines Geld hinübergeschippert.

Medulin

(B 2) Die Medulin-Riviera streckt sich nordöstlich von Kamenjak ins Meer, ebenfalls im tiefsten Süden Istriens. Hier liegen zahlreiche hübsche Strände, dichte Kiefernwälder und herrliche Badebuchten mit sehr sauberem Wasser. An der 80 km langen Küste mit ihren Buchten finden Wassersportler viele Reviere, Sonnenhungrige gute Stellen zum Baden. Auch liegen nahe bei Medulin noch einige kleine schöne Orte, wie etwa Pomer, Banjole und Vinkuran. Vor allem Meeresfreunde kommen hier ins Staunen: Das Wasser in den felsigen Buchten leuchtet in allen Blau- und Türkistönen und ist unverschämt klar.

Krk

(C 1/2) Laut Daten des Kroatischen Amts für Statistik hat die Insel Krk die gleiche Fläche wie Cres: exakt 405,78 km². Beide sind damit die größten Inseln Kroatiens. Krk gilt als das Herz der Kvarner Bucht: 2500 Sonnenstunden, 25 Grad Wassertemperatur im Sommer, Berge wie der 569 Meter hohe Obzova im Süden, Wanderwege, schöne Badebuchten und die kleinen Küstenorte wie Baška mit ihren bunten Häusern machen die Insel zu einem mediterranen Prachtstück. Die Stadt Krk ist ein historischer Seehafen mit alten Wehrmau-

Alter Treffpunkt: das Atrium der Euphrasius-Basilika in Poreč

ern und einer Zwiebelturm-Basilika. In der Altstadt flanieren die Besucher in schmalen Gassen zwischen kleinen Innenhöfen, Boutiquen und Eissalons. Die Insel ist über eine (mautpflichtige) Brücke vom Festland erreichbar, was sie nicht gerade zu einer Ruheoase macht. Doch den vielen Besuchern hat Krk jede Menge zu bieten: sommerliche Kühle in den dichten Kiefernwäldern, wo Salbei, Rosmarin und Lorbeer wachsen; zahllose Kulturdenkmäler wie die alten Stadtmauern und die Festung der Frankopaner sowie Bars und Discos, die im Sommer Hochbetrieb haben.

Limski-Fjord

(A 1) Manche nennen ihn auch den Limski-Kanal oder Lim-Fjord. Gemeint ist eine grün leuchtende Bucht zwischen Vrsar und Rovinj, die sich in ein über 10 km langes und nur 600 Meter schmales Karsttal bettet. Hier fließen Meerwasser und Süßwasser aus dem Lim-Bach zusammen. Ein imposantes Schauspiel der Natur, das sich bei Bootstouren am besten bestaunen lässt. Köstliches Essen liefert dieser felsige und wild bewachsene Meeresarm auch:

Muschel- und Austernfarmen werden hier betrieben. Aber nicht nur Liebhaber von Meeresfrüchten kommen auf ihre Kosten. Nördlich des Fjords liegt die »Spanferkelstraße«: Die drei Dörfer Flengi, Gradina und Kloštar sind für diese Delikatesse berühmt.

Opatija

(B 1) Der alte, hübsche Ort vereint alles, was Urlauber an Kroatien lieben: Die kristallklare Adria, Parks, exotische Pflanzen, Hotels mit Gründerzeitfassaden, die herrliche, abends beleuchtete Uferpromenade. Opatija, Grande Dame des kroatischen Tourismus, wurde schon 1889 zum Kurort und hat sich seitdem zu einem begehbaren Gesamtkunstwerk am Fuß des Učka-Gebirges gemausert. Hier stehen die prächtigen Villen der alten und reichen Opatija-Gäste aus Wien, Graz und Budapest. Damals hieß der Ort Abbazia (»Kloster«, »Abtei«), und noch heute umweht ihn das Flair der k. u. k.-Zeit und des Fin de Siècle, als die eleganten Damen der Wiener Gesellschaft am Meer flanierten. Inzwischen sind die Straßenzüge fein restauriert, die Fas-

saden herausgeputzt. Der Ort ist zudem das Sprungbrett zur Riviera von Opatija, wo Luxus und mediterrane Lebensart ebenso zu finden sind wie viel Kultur, zum Beispiel der kroatische Walk of Fame oder die Jakobskirche aus dem 15. Jh. Schön ist eine Wanderung im Učka-Bergmassiv, bis auf 1401 Meter. Ansonsten gibt es im Ort viele Boutiquen auf der Maršala Tita und ein Casino im »Grandhotel Adriatic«.

Poreč

(A 1) Viele kroatische Altstädte sind pittoresk und geben dem Besucher das Gefühl, sich auf einer Zeitreise zu befinden. Der historische Kern von Poreč aber, gelegen auf einer länglichen Halbinsel an der mittleren Westküste Istriens, ist etwas Besonderes. Hier steht die spätantike Euphrasius-Basilika in der Nähe von Resten römischer Tempel, man findet mittelalterliche Straßenzüge und barocke Paläste. Höhepunkte sind der Marafor-Platz, das ehemalige römische Forum, und die genannte byzantinische Basilika mit ihren berühmten Mosaiken, als Unesco-Welterbe eine der großen Sehenswürdigkeiten Istriens. Mitten in den alten Gassen tobt das Leben. In Bars und Shops genießen Gäste und Einheimische den Tag. Im Umland wird viel Sport angeboten (Wandern, Trekking, Wassersport) und reichlich Amüsement in Strandbars, Discos und Casinos.

Pula

(A/B 2) Ein großer Hafen dominiert diese Stadt, die im südlichen Istrien liegt. Römer und Österreicher haben hier gleichermaßen ihre Spu-

MERIAN | MEISTERSTÜCK

Prachtkerl aus Venedig

Der Markuslöwe, Symbol venezianischer Herrschaft, ziert noch heute Säulen, Tore und Paläste

Sie werden dem kräftigen Wesen fast überall in Kroatien begegnen. An Marktplätzen und Häusereingängen, vor Kirchen, Palästen oder auch am Landtor von Zadar. Der geflügelte venezianische Löwe, auch Markuslöwe genannt, dekoriert viele Stätten Kroatiens, meist kunstvoll in Stein gehauen, oft auch auf Gemälden. Stolz blickt er drein. Er zieht die Lefzen hoch, eine große wilde Mähne umfließt seinen Kopf, darunter beult sich ein muskulöser Körper. Der Löwe steht auf drei mächtigen Pranken, die vierte hält er erhoben, seinem Rücken entwachsen erhabene Schwingen. Die markante Symbolfigur war das Wappentier der Seerepublik Venedig, und mit der Herrschaft der Venezier fand es weite Verbreitung auch in Kroatien. Der Markuslöwe wird meist mit einem aufgeschlagenen Buch dargestellt. Zu lesen sind die Worte PAX TIBI MARCE EVANGELISTA MEUS (»Friede sei mit dir, Markus, mein Evangelist«). Die Reliquien des Evangelisten Markus, dessen Symbol der Löwe ist, wurden von venezianischen Seefahrern aus Alexandria gestohlen und nach Venedig gebracht. Markus verdrängte daraufhin den Stadtheiligen Theodor und wurde zum Stadtpatron. Venedig nannte sich **Serenissima Repubblica di San Marco**, führte den starken Löwen fortan (bis heute) im Wappen und hinterließ ihn als Zeichen der Herrschaft in den Städten und Regionen, welche die Seerepublik einnahm. Heute ist der Löwe in Kroatien vor allem ein beliebtes Fotomotiv. Und ein Zeichen der bewegten Geschichte des Landes.

Zehn Kilometer weit reicht der Limski-Fjord ins Landesinnere

ren hinterlassen und trugen jeweils zu Höhepunkten der Stadtgeschichte bei. Vor allem die k.u.k.-Kriegsflotte entdeckte die Vorteile der verwinkelten Buchten Pulas und etablierte hier einen mächtigen Marinestützpunkt. In der Stadt liegt auch eine der wichtigsten Sehenswürdigkeiten Kroatiens: das »Kolosseum«, das römische Amphitheater von Pula. Bis zu 30 Meter hoch ist es, ellipsenförmig gebaut mit bis zu 130 Meter Durchmesser. Hier fanden einst Gladiatorenkämpfe statt wie im alten Rom, und dieser Bau ist heute noch erstaunlich gut erhalten. Fasste das Rund früher bis zu 23 000 Besucher, sitzen die Gäste heute auf 5000 Stühlen und genießen Konzerte und andere Aufführungen (siehe auch Seite 68).

Rab

(C 2) Die Bora, ein heftiger Wind, hat diese Insel in zwei verschiedene Welten zerblasen: rau und karg der Südosten, grün und fruchtbar der Westen. Rab ist die kleinste der Hauptinseln in der Kvarner Bucht, dicht besiedelt, ein Liebling der Urlaubsgäste. Im Norden liegen – teils

versteckt – wunderschöne Sandstrände, im Süden öffnen sich meist Kiesufer und felsige Küstenabschnitte, an denen man aber ebenfalls gut ins Wasser springen kann. Auch Rab-Stadt ist einen Besuch wert. Die alte Stadt mit Seebad-Flair liegt auf einer pittoresken Landzunge. Sehenswert sind die vier Glockentürme, die ehemalige Domkirche und der Fürstenhof. Die Insel wird im Sommer über zwanzigmal pro Tag mit Fähren und schnellen Katamaranen vom Festland angefahren (Start in Jablanac, südlich von Senj).

Rijeka

(B/C 1) Hier herrscht Großstadtstimmung, denn mit etwa 140 000 Einwohnern ist Rijeka nach Zagreb und Split die drittgrößte Stadt Kroatiens und außerdem der wichtigste Seehafen des Landes. Sehenswert ist das alte Stadttor samt Turm, von wo aus die Halbfiguren der Kaiser Leopold I. und Karl VI. herabschauen. Auch das römische Tor, die italienischen Bürgerhäuser und die barocke Kathedrale Sveti Vid locken im Sommer viele Besucher an. In der Kathedrale beeindruckt das gotische

Der geflügelte Löwe am Hafen von Hvar

Kreuzfahrer lieben Dubrovnik: Hafen mit Franjo-Tudjman-Brücke

Ziel für Segler und Flaneure: der alte Hafen von Hvar

Kruzifix, das aus dem Rheinland stammt. Das pralle Leben herrscht in den Markthallen östlich des Hafens, wer einen Eindruck vom kroatischen Alltag bekommen möchte, sollte sich dort auf jeden Fall umschauen. Höhepunkt ist aber der Karneval – der größte und schillerndste im Land. Umzüge werden live im TV übertragen; in den letzten Tagen vor Aschermittwoch geht hier keiner ohne schrilles Kostüm auf die Straße und in die Bars. Rheinischer Frohsinn auf Kroatisch! Die Stadt ist außerdem ein guter Startpunkt für Ausflüge in die Kvarner Bucht.

Rovinj

(A 2) Die Mauern der windschiefen Häuser reichen bis ins Wasser, kleine Anleger säumen die bröckelnden Mauern, Wäsche hängt auf winzigen Balkonen, auf kreuz und quer vor den Fenstern gespannten Leinen. Darüber die Dächer der Stadt, ein Meer aus roten Ziegeln. Rovinj, das ist altes südliches Europa. Die Stadt, gegründet vermutlich auf dem Boden einer spätrömischen Festung im 3./4. Jh, liegt auf einer Insel, die im 18. Jh. mit dem Festland verbunden wurde.

Selbst die alten Zypressen stehen hier unter Denkmalschutz. Besonders schön sind die Altstadt mit den engen, steinigen Gassen, die Kirche der hl. Euphemia, deren Turm wie eine Rakete aus dem Häusermeer ragt, das Franziskanerkloster und das Baptisterium zur Heiligen Dreifaltigkeit, errichtet vor Ende des 13. Jh. Auch steht in Rovinj eines der ältesten Aquarien der Welt, das 1891 als Außen-station des »Berliner Aquariums Unter den Linden« errichtet wurde. Rund um Rovinj liegen viele Strände und Badestellen am Meer (etwa Amarin, Valdaliso, Borik, Lesso oder Monte Molini). Crveni otok, die rote Insel, ist ein bekannter Tauchspot.

Volosko

(B 1) Das Fischerdorf in der Kvarner Bucht hat viele reizvolle Gassen, Boote liegen im kleinen Hafen vor grünen Bergen. Hier beginnt eine der schönsten Touren an der Adria-Küste: ein Gang entlang der nördlichen Armbeuge Istriens. Der Marsch startet am Hafen von Volosko, führt über 12 km an Opatija vorbei bis nach Lovran weiter südwestlich. Zu sehen sind mondäne

Hotels mit prächtigen, alten Fassaden und schicke Villen. Man spaziert durch Parks, Gärten und über Plätze mit großen Agaven und sattem Grün. Unterwegs trinkt man am besten einen Kaffee oder einen erfrischenden *pelinkovac* (kroatischer Kräuterlikör). Wer will, springt an den Badepontons ins Meer und genießt den Ausblick auf die nahe Insel Cres. Auch das Ziel, der Ort Lovran, kann sich sehen lassen. Eine kleine Perle mit vielen Jugendstilbauten. Zurück nach Volosko oder Opatija fahren Busse.

DER SÜDEN: DALMATIENS KÜSTE BIS DUBROVNIK

Imposante Steilküsten, hohe Canyons und viele kleine Ferienorte am Meer prägen den Süden Kroatiens. Höhepunkte sind die beiden historischen Städte Split und Dubrovnik und die vielen vorgelagerten Inseln: hervorragende Segelreviere und wundervolle Refugien für Ruhesuchende.

Brač

(B 4) Die Sonne und das milde Klima haben die Insel vor

Split verwöhnt: Hier wachsen Kiwis, Mandarinen und viele andere Südfrüchte. Brač ist 40 km lang und etwa 13 km breit, das größte Eiland Dalmatiens. Besucher aus Split kommen übers Wochenende, ebenso Feriengäste zu einem längeren Aufenthalt. Berühmt ist die Insel für ihren weißen Kalkstein, der für den Bau des Diokletianspalastes, des Parlaments in Wien und in Budapest eingesetzt wurde. Zudem ist das hiesige Olivenöl begehrt und aromatisch. Gäste besuchen vor allem die Orte Supetar im Norden und Bol im Süden. Dazwischen liegen Bauerndörfer und Weinberge. Von Split ist die Insel einfach per Fähre zu erreichen.

Dubrovnik

(E 5) Wer sich Dubrovnik nähert, traut zunächst seinen Augen nicht. Die alte Stadt ist fast zu schön, um wahr zu sein. Alte Mauern, die imposante Kathedrale, der kleine Hafen und die vielen neuen Geschäfte in der historischen Altstadt machen Dubrovnik zum Touristenziel schlechthin. Wer die »Perle der kroatischen Adria«, besuchen will, sollte nicht in der Hochsaison

MERIAN | IM DETAIL

Steinalt und putzmunter

Aus dem Palast des Kaisers Diokletian wuchs Split. Der Prachtbau ist bis heute lebendiges Zentrum der Altstadt

Mächtiges Quadrat: der alte Diokletianspalast in einer Rekonstruktion

E r kam von ganz unten und schaffte es nach ganz oben: der römische Kaiser aus Illyrien, Gaius Aurelius Valerius Diocletianus – bekannt als Diokletian. Er war vermutlich Sohn eines freigelassenen Sklaven und wuchs fünf Kilometer nordöstlich des heutigen Split auf, in Salona, damals Hauptstadt der römischen Provinz Dalmatia. Diokletian, geboren um 245, diente sich zum Befehlshaber einer Gardeeinheit hoch und wurde 284 gar zum römischen Kaiser ausgerufen. Zum Ende seiner Regentschaft ließ er sich einen Palast errichten, in der Nähe seines Geburtsorts am Meer. Der mächtige Komplex

des Imperators entstand zwischen 295 und 305. Ein Zeugnis spätrömischer Baukunst, mit zwei Meter dicken Mauern, Pferdestallungen, Soldaten- und Dienstwohnräumen, kaiserlichen Gemächern und Thermen. Nach der Römerzeit wurde der Palast zu einer bewohnten Festung, die sich fortan immer wieder wandelte, sich den Einflüssen der Besatzer anpasste und viele bautechnische Veränderungen sah. Der Palast wurde ausgeraubt und neu belebt, aus Höfen wurden Straßen, Menschen zogen ein, betrieben Handel – aus dem Palast wuchs die Stadt Split. Heute bilden die Palastreste den wunderschönen Altstadtkern Splits, vieles ist erhalten. In den Gassen liegen heute Cafés, Restaurants, Boutiquen; Galerien verstecken sich in den beleuchteten Gängen, Winkeln und Innenhöfen. Ein höchst lebendiger Ort der Zeitgeschichte. Die Unesco erklärte die historische Innenstadt Splits 1979 zum Weltkulturerbe.

Lebendiges Viertel: Palast für alle Welt

1 Peristyl: zentraler Platz, früher Zugang zum Sakralbereich mit den Tempeln der Venus und der Kybele – heute Treffpunkt von Künstlern, Musikern, Touristen
2 Zugänge zum Palast: Gold-, Silber-, Messing- und Eisen-Tor – Straßenverkäufer tummeln sich am Ostportal
3 Jupiter-Tempel mit belebtem Innenhof, daneben Galerien, Bars, Restaurants
4 Das Vestibül, einst Zugang zu den Wohnstätten Diokletians
5 Mausoleum und Kathedrale Sv. Duje. Noch immer wunderschön sind die 800 Jahre alten handgeschnitzten Holztüren
6 Fontäne: Das Wasser kommt vom römischen Aquädukt und ist noch heute trinkbar

2 Gold-Tor

Innenhof

Garten

Stadtmuseum

6 Fontäne

Augubio-Palast

Cindro-Palast

2 Eisen-Tor

2 Silber-Tor

3 Jupiter-Tempel

1 Peristyl

5 Diokletian-Mausoleum / Kathedrale Sv. Duje

4 Vestibül

Ethnografisches Museum

30 m

2 Messing-Tor

Urig und winzig: der Hafen vor der Altstadt von Korčula

Wild und schön: die 89 Inseln im Kornaten-Nationalpark

im Sommer kommen, wenn es sehr voll werden kann. Sehenswürdigkeiten sind die historische, autofreie Altstadt (Unesco-Weltkulturerbe), die komplett begehbare Stadtmauer, das Franziskanerkloster sowie die Rolandsäule (siehe Dubrovnik-Reportage ab S. 32).

Elaphiten-Inseln

(E 5) Wer ein Inselfan ist, sollte diese teils winzigen Flecken im Meer nordwestlich vor Dubrovnik nicht links liegen lassen. 13 kleine Eilande verstecken sich unweit der Küste, von denen nur drei bewohnt sind: Koločep, Lopud, Šipan – diese sind mit Fähren zu erreichen, selbst aber autofrei. Gut, um Ruhe zu tanken und die Natur zu genießen. Auch stehen hier einige eindrucksvolle Monumente aus der Geschichte, etwa die Kirche Mariä Himmelfahrt in Donje Čelo auf Koločep. Die meisten Besucher allerdings kommen zum Schwimmen, Tauchen oder um an den entlegenen Stränden die Sonne zu genießen.

Hvar

(B 4/5) Schon die zweistündige Fährfahrt von Split ist ein Erlebnis: Die Passagiere auf dem Sonnendeck lassen den Blick über den Archipel fliegen. Dann legt die Fähre auf der großen Insel an, sofort herrscht Ruhe, ein warmer Wind weht von den Bergen. Hvar ist fast 68 km lang, besitzt viele einsame Stellen zum Baden, viele halten die Insel für eine der schönsten Kroatiens. Hvar ist bekannt für seine Kräuter, hier wachsen Lavendel, Rosmarin und Salbei. Der Ort Hvar ist besonders urig, Fischerboote dümpeln unweit des Hauptplatzes, wo Gäste in Cafés sitzen und das Treiben auf sich wirken lassen. Sehenswert ist auch der Ort Stari Grad: Hier residierte der kroatische Dichter und Gelehrte Petar Hektorović und baute seine Renaissance-Residenz im 16. Jh. zu einer Festung aus.

Korčula

(B/C 5) Auf dieser Insel wurde angeblich Marco Polo geboren (andere behaupten in Venedig). Heute kommen Reisende vor allem wegen des perfekten Ferienwetters (300 Sonnentage im Jahr!), der sanften Hügel, Palmen, Pinienwälder und sehr guten Bademöglichkeiten. Die Hafenstadt Korčula wirkt bis heute mittelalterlich, der Ort thront auf einer vom Meer umspülten Landzunge. Zu sehen sind das Museum im ehemaligen Bischofspalast, das Haus des Marco Polo und die Markus-Kathedrale. Von April bis Oktober werden hier Säbeltänze aufgeführt, die an die Kriege mit den Türken erinnern sollen.

Kornaten

(J/K 5/6) Wie steinige Gerippe liegen die kargen Inseln im Meer, weit draußen vor der Küste von Zadar in Mitteldalmatien. Man sagt, die Eilande seien so zahlreich wie die Tage im Jahr, doch sind es »nur« 147 Inseln. Wer Einsamkeit sucht, findet hier ein stilles Reich. Die 89 Inseln des Nationalparks sind streng geschützt und mit Ausflugsbooten zu erreichen. Segeljachten steuern die Kornaten ebenfalls an, müssen sich beim Ankern und Anlegen aber an Vorschriften halten. Einmal pro Jahr findet hier eine bekannte Segelregatta statt, der »Kornati Cup«.

Omiš

(B 4) Ein malerischer Ort, der sich südöstlich von Split in den steilen und hohen Canyon der Cetina-Mündung schmiegt (wo viel geklettert wird), sich aber auch zum Meer hin erstreckt. Zwischen den alten Bürgerhäusern und Cafés wird täglich ein schöner kleiner Markt aufgebaut, wo man neben Gemüse und Obst auch T-Shirts und diversen Klimbim kaufen kann. Weiter im Osten öffnet sich ein großer Strand, teils mit recht feinem Sand; in den Beachbars trifft sich die Jugend.

Šibenik

(K 6) Nicht am offenen Meer, sondern an der Mündung des Flusses Krka liegt die Stadt mit dem bedeutendsten Renaissancebau Dalmatiens: Über dem Dom des heiligen Jakov von Šibenik wölbt sich eine Kuppel aus freitragenden Steinplatten – ein Meisterwerk dalmatischer und italienischer Architekten des 15. und 16. Jh. und steinernes Zeugnis für den einst intensiven kulturellen Austausch zwischen der Toskana und Dalmatien. Im engen und pittoresken Altstadtgewirr sollen sich sogar die Einheimischen verlaufen, dabei wurde Šibenik von Kroaten gegründet, nicht von Eroberern oder Kolonisten. Die Stadt wird oft mit Dubrovnik verglichen, ist aber längst nicht so überlaufen.

Glanznummer: Splits Prachtpromenade Riva bei Vollmond

10 000 Arten: Pflanzenvielfalt in Zagrebs Botanischem Garten

Sveti Jure

(C 4) Willkommen auf dem höchsten Berg Dalmatiens. Die Luft ist schon merklich dünner und kühler auf 1762 Metern – und der Blick an klaren Tagen atemberaubend! Oben auf dem Gipfel schaut man über graue Felswelten, die von grünen Zwischentälern durchzogen sind – und erfasst erst von hier oben die wahren Ausmaße der kroatischen Inselwelt. Oft lugt sogar der Monte Gargano in Italien aus dem Horizont – die Augen reisen einmal quer über die Adria! Mit dem Auto sind es von Makarska etwa 13 km bis zum Gipfel (Mautkosten: 4 Euro). Wer dorthin will, kann auch wandern (ca. 5 Stunden). Oben gibt es jedoch keine Hütten.

Srdj

(E 5) Der Berg hoch über Dubrovnik galt als strategisch zentraler Punkt, um die Seestadt einzunehmen – aber auch, um sie zu verteidigen. Entsprechend umkämpft war der Berg Srdj stets. Ein Serpentinenweg führt heute hinauf, und der Blick saust steil hinab: Man schaut fast lotrecht auf das rote Dächermeer Dubrovniks und die Stadtmauer

hinunter. Vielleicht einer der schönsten Plätze für einen Sundowner. Oben gibt es ein kleines Restaurant und eine Snackbar. Der einfachste Weg hinauf: drei Minuten Fahrt mit der Seilbahn von der Talstation aus.

Split

(A 4) Abends ist die Stadt am schönsten, vor allem in der blauen Stunde, wenn die Sonne rot hinter die weite Bucht sinkt und die Prachtpromenade Riva zu leuchten beginnt. Die Lichter der Boote glimmen im Hafen, und die Gassen im Diokletianspalast pulsieren vor Leben. Split ist die zweitgrößte Stadt Kroatiens und hat über 200 000 Einwohner. Mehr zu Split ab Seite 102, Diokletianspalast siehe auch Seite 118.

Ston

(D 5) Die Salinen von Ston zählen zu den ältesten und größten des Mittelmeerraums und werden bis heute genutzt. Schon vor Jahrtausenden wurde hier Salz gewonnen, im Mittelalter perfektionierte man die Prozedur. Das Ergebnis ist hochwertiges Adriasalz, das man auch als Souvenir kaufen kann. Besichtigungen der

Salinen sind möglich. Ston liegt auf der Halbinsel Pelješac, die nur durch einen schmalen Isthmus mit dem Festland verbunden ist. Aus der Historie sind Befestigungsmauern und 20 von einst 41 Wehrtürmen erhalten. Gäste kommen auch nach Ston und vor allem ins benachbarte Mali Ston, um die Austern und Muscheln zu probieren, die hier gezüchtet werden (siehe auch Seite 129).

Trogir

(A 4) Das pittoreske Trogir mit den Relikten seiner 800 Jahre alten Steinmauern wirkt wie aus den Jahrhunderten ins Heute gebeamt. Das historische Zentrum ist gut erhalten und gehört zum Unesco-Weltkulturerbe. Die meisten

Bauten in Trogir entstanden zwischen dem 13. und 17. Jh., etwa die imposante Kathedrale Sveti Lovro. Ein Meisterwerk der Bildhauerkunst ist das Hauptportal, interessant darauf sind die Allegorien der zwölf Monate, Adam und Eva sowie die Tier- und Pflanzenmotive. Die Stadt mit ihren 13 000 Einwohnern liegt 30 km westlich von Split und ist eine der meistbesuchten Küstenstädte Kroatiens.

Zadar

(J 5) Im 2. Jh. vor Christus besetzten die Römer die Stadt. Die neuen Herrscher bauten ein Kapitol, Wehranlagen, Thermen und einen Aquädukt, der Süßwasser aus der Gegend bei Vrana herbeispülte. Danach war Zadar eine

MERIAN | **MAUSKLICK**

Aktuelle Nachrichten auf Deutsch aus Kroatien, Kulturtipps sowie News aus Politik, Sport und Gesellschaft liefert »Kroatien Aktuell« unter http://newsblog.kroistra.de. Routen und Ziele für Abenteurer und Kulturinteressierte im ganzen Land: www.zagrebtours.com bietet Ausflüge und Touren für jeden Geschmack. Fotos, Geschichte und viele Infos zu den verschiedenen Regionen des Landes sind unter www.vacationincroatia.net zu finden.

Schmuckstück: Trogirs Altstadt von der Marina aus gesehen

Blickfang: der Pranger im alten Forum Romanum von Zadar

Zeit lang Hauptstadt Dalmatiens. Heute kommen Besucher, um die Baudenkmäler der verschiedenen Epochen zu erkunden: beispielsweise das Landtor aus dem 16. Jh. am Eingang zur Altstadt, das den venezianischen Markuslöwen trägt, und die reich verzierte romanische Kirche des hl. Chrysogonus aus dem 12. Jh. Die Hafenstadt Zadar liegt auf einer Halbinsel, und das Schönste ist die besondere Stimmung hier: Man flaniert, sitzt in den Cafés und genießt die säuberlich restaurierte Stadt.

ZAGREB

(K 2) Die Hauptstadt ist nicht nur das Zentrum Kroatiens, sondern längst eine moderne europäische Metropole. Dabei besitzt Zagreb seinen eigenen Charme. Im historischen Kern stehen noch heute viele klassizistische und Jugendstilbauten, die den Geist der k. u. k.-Monarchie widerspiegeln. Die meisten Sehenswürdigkeiten liegen im engeren Zentrum, neben vielen charmanten Kaffeehäusern, guten Restaurants, den beliebten Gartenterrassen und gepflegten Parks wie etwa dem

Ribnjak. Unweit der historischen Bauten, wie etwa dem Lotrščak-Turm aus dem 13. Jh., der Kathedrale oder dem Kroatischen Nationaltheater, liegen moderne Shops, Bars, Nachtclubs, Galerien und Museen. Die Jugend kleidet sich schick und schrill, längst hat sich eine Szene etabliert, die ihren eigenen Stil hat. Zagreb ist auch Geschäfts- und Wissenschaftszentrum sowie Universitätsstadt. Besuchern bietet Zagreb das Barockambiente der Altstadt, malerische Märkte unter freiem Himmel, eine breite Palette an Geschäften sowie gute einheimische Küche. Abends erwacht die prunkvolle Welt der Zagreber Bühnen bei Theater, Tanz und Oper (siehe auch Zagreb-Reportage ab S. 74).

Botanischer Garten
Der Garten erstreckt sich entlang der Mihanović-Straße und ist ein Bestandteil des »Grünen Hufeisens« von Zagreb. Das Gartengelände umfasst 4,7 Hektar, etwa 10 000 Pflanzenarten wachsen hier – auch jene, die in der freien Natur inzwischen bedroht sind. Den Garten der naturwissenschaftlich-mathe-

matischen Fakultät gründete der Botaniker Antun Heinz (1861-1919), die ersten Pflanzen wurden 1892 angelegt. Heute genießen Besucher Teiche, künstliche Hügel, Brücken und Höhlen. Das Arboretum nimmt den größten Teil des Parks ein, gestaltet im Stil eines Englischen Gartens. Das Blumenparterre im westlichen Teil des Gartens ist streng symmetrisch im französischen Stil gehalten.

Dolac
Der »Bauch von Zagreb« ist der größte und bekannteste unter den vielen bunten Märkten der quirligen Hauptstadt. Besucher, Händler und Bauern laufen auf dem großen Platz umher, an den Ständen werden Obst, Gewürze und Gemüse feilgeboten; fast alle Produkte kommen frisch und je nach Saison aus dem Hrvatsko Zagorje, Zagrebs nördlichem Hinterland. Männer und alte Frauen stehen hinter Tischen, alten Waagen und Tresen, dies unter den typischen roten Schirmen des Markts.

Kamenita Vrata
Der Name bedeutet auf Kroatisch »Das steinerne Tor«.

Es ist eines der wenigen Reste der ehemaligen Stadtmauer von Gradec in der Zagreber Oberstadt. In dem alten Stadttor befindet sich ein Andachtsraum, in dem Geschäftsmänner, Hausfrauen und Touristen beten und Kerzen anzünden. Ein Marienbild überstand wie durch ein Wunder ein Feuer im Jahre 1731, jeden Tag wird es noch heute mit frischen Blumen geschmückt. Vor der Kapelle ist ein kunstvolles Gitter aus dem Jahre 1758 zu finden; es gilt als die schönste Barock-Schmiedearbeit Kroatiens. Für die Zagreber ist dies ein magischer Ort.

Zahnradbahn
Steil arbeiten sich die blauen Waggons der Zahnradbahn den Hang hinauf und verbinden Unter- und Oberstadt Zagrebs miteinander. Dabei bahnt sich die seit den 1890er-Jahren bestehende Uspinjača ihren Weg vorbei an Wohnhäusern und grünen Hängen. Die Bahn startet nahe der bekannten Shoppingmeile Ilica. Oben angekommen, eröffnet sich der vielleicht schönste Blick auf die Stadt: Zagreb im Großformat liegt einem zu Füßen.

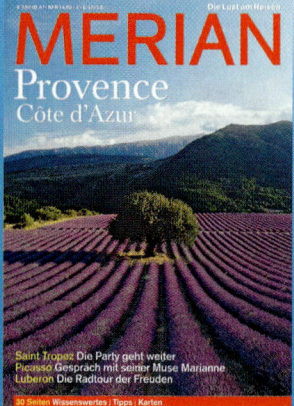
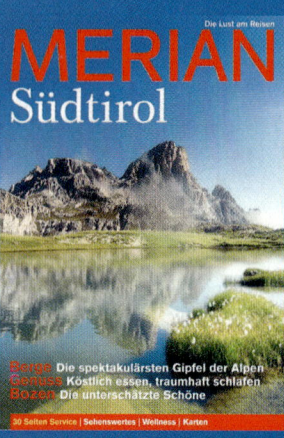
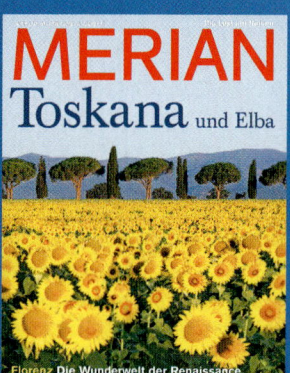
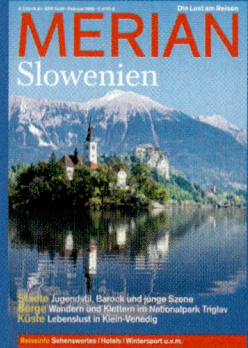

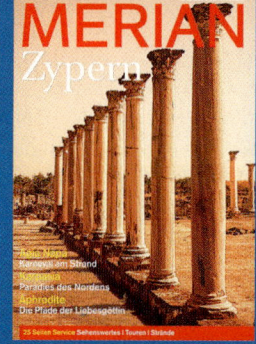

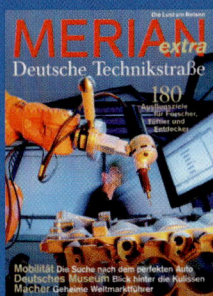
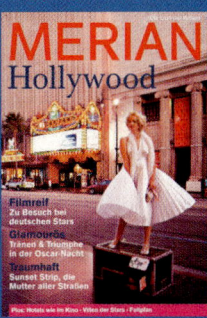

Blues und Barock

Jazzkonzerte, Opern und Männer, die um die Wette singen: Kroatien lässt von sich hören

Die Kroaten lieben Musik, von modernen Tönen bis hin zu traditionellen A-capella-Darbietungen auf offener Straße. Wer Musik gern live hört, kann aus einem vielfältigen Programm wählen. Beim **Vip Zagreb Jazz Festival**, das erstmals 2005 stattfand, spielten schon Größen wie Wayne Shorter, Archie Shepp, Joe Lovano, Dave Liebman und David Murray. Ein Ohrenschmaus für Jazzfans! Seit 2008 zählt das Event zum multikulturellen »Herbst in Zagreb – Yes Zgb«. Bei den vier Festivalabenden und Konzerten Anfang November treten auf den Bühnen der Hauptstadt erstklassige Musiker aus der ganzen Welt auf.
www.vipzagrebjazzfestival.com

Das **Dubrovnik-Sommerfestival** ist längst ein Klassiker und zieht Tausende Besucher an, die Konzerte, Tanz, Theater und Film genießen: Von Mitte Juli bis Ende August wird überall in der Stadt gespielt, gesungen und getanzt. In den Gassen treten kroatische Barockensembles auf, Kammerorchester sowie Folk- und Bluesmusiker spielen vor den historischen Mauern. Ein buntes Kulturtohuwabohu inmitten der sommerlich heißen Altstadt. www.dubrovnik-festival.hr
Ebenfalls im Hochsommer treffen sich im hübschen kleinen Ort Omiš Männer aus dem ganzen Land – und treten bei einem **Sängerwettstreit** an. Die typischen A-capella-Chöre Dalmatiens, *klapa* genannt, kommen auf offener Straße zusammen und singen vor dem applaudierenden Publikum alles, was die Stimmbänder hergeben. Termin: zwei Wochen zwischen Anfang und Mitte Juli. www.fdk.hr

Folklore, Klassik, gute Stimmung: Sommerfestival in Dubrovnik

MUSEEN & GALERIEN

In Kroatien gibt es 225 Museen und Galerien, die historische und moderne Kunst zeigen und regelmäßig Themenausstellungen veranstalten. In privaten Sammlungen befinden sich zudem über eine Million Artefakte zur Geschichte des Landes, ein Großteil davon ist öffentlich zugänglich. Infos sowie die Adressen aller Museen und Galerien im Land finden sich auf der Internetseite www.mdc.hr

(E 5) Dubrovnik
Museum des Dominikanerklosters

Das Gebäude des Klosters ist an sich schon sehenswert, besonders schön aber sind die hier ausgestellten Kunstwerke. Dazu zählen Meisterwerke aus Spätgotik und Renaissance, etwa das Triptychon des Dubrovniker Malers Nikola Božidarević, das die Gottesmutter mit Kind und vier Heiligen zeigt. Dubrovnik in verschiedenen Epochen ist auf anderen Werken zu sehen, außerdem kostbare Gold- und Silberschmiedearbeiten.
Dominikanerkloster am östlichen Ende der Stradun

Museum für moderne Kunst

Schlichte Eleganz aus weiß-rosa Stein zeigt der Bau, der erhöht vor Palmen und grünen Zypressen thront. Drinnen umfangen den Besucher große Ruhe, weiße Wände, weiße Säulen und hohe Decken. Die Kollektionen umfassen regionale, nationale, aber auch einige internationale Werke. Zwischen 2006 und 2010 hat das Museum Arbeiten zahlreicher moderner kroatischer Künstler erstanden, darunter Werke von Marko Rašica, Ivan Ettore und Djuro Pulitika. Regelmäßig finden Sonderausstellungen statt, 2010 etwa wurden Skulpturen von Alberto Giacometti gezeigt.
Put Frana Supila 23
Tel. 020 426590
www.ugdubrovnik.hr

(B/C 1) Rijeka
Maritimes und Historisches Museum der Region Hrvatsko primorje

Das Museum ist in dem prächtigen alten Gouverneurspalast beherbergt und widmet sich der Geschichte der Region im Norden Kroatiens. Das Gebäude entstand Ende des 19. Jh., entworfen wurde es von dem ungarischen Architekten Alajos Hauszmann. Zu sehen sind prähistorische Werkzeuge, archäologische Funde, eine ethnografische Sammlung, aber auch Trachten. Fotografien zeigen, wie Kroatiens Städte früher aussahen. Nautische Instrumente und Schiffsmodelle dokumentieren die Bedeutung der Seefahrt für die Region.
Muzejski trg 1
Tel. 051 213578
www.ppmhp.hr

(A 4) Split
Archäologisches Museum

Die Sammlung dieses ältesten Museums in Kroatien (gegründet 1820) geht zurück auf das 16. Jh., als ein gebildeter Adliger begann, die zahlreichen antiken Inschriften der Region zusammenzutragen und zu katalogisieren. Der Schwerpunkt des Museums liegt auf den römischen und frühchristlichen Funden aus Dalmatien, darunter Plastiken, Sarkophage und ein Mithras-Relief aus

Denkfabrik: das Museum für Zeitgenössische Kunst in Zagreb

dem 3./4. Jh. Auch griechische Stücke wie etwa ein Opferstein aus dem 4. Jh. vor Christus oder ein Votivaltar mit der Darstellung einer Götter-Prozession sind zu sehen, ferner eine Sammlung frühslawischer Funde.
Zrinsko-Frankopanska 25
Tel. 021 329340
www.armus.hr

Galerija Ivana Meštrovića

Der Bildhauer und Architekt Ivan Meštrović (1883-1962) gilt als einer der einflussreichsten kroatischen Künstler seiner Zeit. In jungen Jahren wurde er von den Wiener Sezessionisten und dem Pariser Expressionismus geprägt, später wandte er sich religiösen und historischen Themen zu. Meštrović unterrichtete in den USA und lehrte an der Kunstakademie in Zagreb. Unter anderem schuf er das Strossmayer-Denkmal in Zagreb sowie das Indianer-Denkmal in Chicago. Das Marmor-Relief »Das Mädchen von Kosovo« (1908) wurde auf dem jugoslawischen 50-Dinar-Schein abgebildet. Die 1952 gegründete Galerija Ivana Meštrovića, bestehend aus einem neoklassizistischen Haus, das

Meštrović selbst entwarf, und einem Gebäude aus dem 16. Jh. (»Kaštelet«), zeigt viele seiner Arbeiten.
Im Garten stehen einige seiner Skulpturen.
Šetalište Ivana Meštrovića 46
Tel. 021 340800
www.mdc.hr/mestrovic

Kroatisches Maritimes Museum

Das Museum ist in der Festung Gripe untergebracht, von der aus man einen herrlichen Ausblick auf das Meer hat. Zu sehen sind unter anderem der älteste Torpedo der Welt, der in Rijeka gebaut wurde, sowie Bilder des österreichischen Marinemalers Alexander Kircher. Gezeigt werden außerdem Bootsbautechniken verschiedener Epochen und eine Sammlung von Schiffsmodellen.
Glagoljaška 18
Tel. 021 347346
www.hpms.hr

(K 2) Zagreb
Museum für Zeitgenössische Kunst

Das Ende 2009 eröffnete Haus zeigt die Werke wichtiger kroatischer Künstler der Moderne bis zur Gegenwart. Es gilt als eines der wich-

tigsten Museen des Landes und fördert den kulturellen Aufbruch Kroatiens wie kaum ein anderes Haus. Offene Ateliers laden Besucher zu Gesprächen mit Intellektuellen ein, zu sehen sind zudem Fotokunst, Filme, Performances sowie diverse Ausstellungen. Siehe auch Seite 82.
Av. Dubrovnik 17
Tel. 01 6052700
www.msu.hr

Galerija Klovićevi dvori

Die Galerie in einem ehemaligen Jesuitenkloster ist nach dem Miniaturen-Maler Juraj Julije Klović aus dem 16. Jh. benannt und organisiert kulturhistorische sowie Kunstausstellungen, häufig mit breit angelegtem europäischem Bezug. Ende 2008 etwa wurde mit »Stiller Aufstand« eine aufsehenerregende Retrospektive zum deutschen Expressionismus gezeigt. Ähnliche Sonderschauen werden jedes Jahr angeboten.
Jezuitski trg 4
Tel. 01 4851926
www.galerijaklovic.hr
(nur auf Kroatisch)

Strossmayer-Galerie

Josip Juraj Strossmayer (1815 bis 1905), Bischof von Bosnien und Srijem sowie auch Politiker und Kunstsammler, trug maßgeblich zum Erwachen eines kroatischen Nationalbewusstseins bei. Er regte die Gründung der Jugoslawischen Akademie der Wissenschaften und Kunst an (1861), in deren Palast sich heute die Strossmayer-Galerie der alten Meister (1884) befindet. Die Sammlung umfasst viele Werke der italienischen Renaissance, des Manierismus und Barock, bis zum späten venezianischen Settecento. Doch auch Werke

von Pieter Brueghel dem Jüngeren, Jacob van Ruisdael und Hubert Robert gehören dazu. Außerdem ist ein außerordentlich wichtiges Denkmal zu sehen: die Tafel von Baška, eines der ältesten in Stein gemeißelten Denkmäler der kroatischen Sprache. Im Besitz der Strossmayer-Galerie sind insgesamt sechs Sammlungen, die teils ständig, teils nur in temporären Ausstellungen präsentiert werden.
Trg Nikole Šubića Zrinskog 11
Tel. 01 4813344
www.mdc.hr/strossmayer/index.html

HISTORISCHE STÄTTEN

(A 1) Buje
Fundstücke der Römer

Buje ist ein kleines istrisches Städtchen nahe Umag.
Auf dem höchsten Punkt des Hügels versteckt sich ein besonderer historischer Schatz. Hier steht eine Pfarrkirche, in deren Mauern römische Säulentrommeln, Steinblöcke und Grabstelen verarbeitet wurden. Sie dienten weniger zur Verzierung als vielmehr zur Verstärkung des Gebäudes. Noch heute sind sie in der Fassade der Kirche deutlich zu sehen. Mehr zu Relikten aus der Römerzeit auf S. 68.

Glagolitische Allee

Die »Aleja Glagoljaša« im Inland Istriens erstreckt sich über neun Kilometer zwischen den kleinen Dörfern Roč und Hum. Ende der 1970er Jahre wurden hier elf Steinskulpturen errichtet, die an die Glagolica, die glagolitische Schrift, und ihre Bedeutung während der Nationalbewegung im 19. Jh. erinnern. Entwickelt wurde die Schrift im 9. Jh.

MERIAN | **KLANGKUNST**

Das Meer macht die Musik

Zadars Meeresorgel: Wo Wellen und Seegang
für entspannende Klänge sorgen

Sie ist Kunstwerk, Instrument und Performance in
einem – die 2005 erbaute Meeresorgel von Nikola
Bašić ist zum Wahrzeichen der Stadt Zadar geworden.
Die Menschen sitzen auf steinernen Treppen am Meer
und lauschen gebannt den wundersamen Tönen, die in
der Luft liegen. Sie werden jedoch nicht von Musikern
erzeugt, sondern von der Bewegung des Meeres sowie
einer ausgetüftelten technischen Konstruktion. Durch
kleine Einlässe unter der Wasseroberfläche dringen die
Wellen der Brandung in ein unterirdisches System ein,
das aus 35 Röhren besteht, die zusammen 70 Meter
lang sind. Durch den Druck des einfließenden Wassers
wird Luft komprimiert und durch Orgelpfeifen geschickt – es entstehen Töne im Rhythmus des See-
gangs, wunderbare Meeresmusik, die kleinen Öffnungen
unterhalb der ersten Treppenstufe der Promenade ent-
strömt. Tag und Nacht ist der beruhigende Soundtrack
der See zu hören und versetzt so manchen Besucher in
stundenlange Träumerei. Jede der sieben Röhrensek-
tionen mit jeweils fünf Orgelpfeifen ist so gestimmt,
dass ihre Töne einen Akkord ergeben. Die Klänge der
Meeresorgel spiegeln dabei eine musikalische Tradition der Region Zadar wieder: In diesem Teil Kroatiens
kamen früher Gruppen von vier Männern zusammen,
um spontane Gesänge darzubieten, meist auf Grund-
lage einer diatonischen Dur-Tonleiter. Die Stimmung
der Meeresorgel ist an diesen alten Brauch angelehnt.
Am Ende aber sind es das Meer und sein Rhythmus,
die den Ton angeben. Ein magisches Spiel.

Wassermusik Der Querschnitt zeigt, wie
die Wellen in einen der nebeneinander
liegenden Gänge der Meeresorgel eindringen.
Das Ergebnis: ein unendliches Konzert

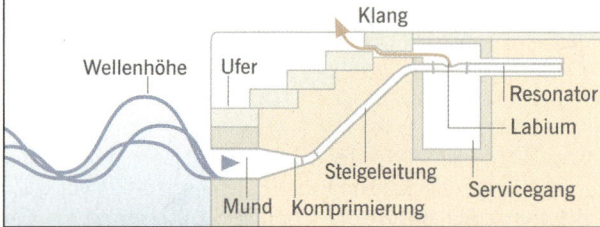

Kirchensprache für die Slawen: Glagolica auf der Tafel von Baška

von den »Slawen-Aposteln«
Kyrill (Konstantin) und
Methodius, um den Slawen
das Christentum in ihrer
eigenen Sprache zu vermitteln.
Sie übersetzten liturgische
Texte mithilfe der Glagolica
und schufen so eine sla-
wische Kirchensprache. Die
Glagolica blieb in Kroatien,
vor allem auf den Inseln in der
Kvarner Bucht, bis ins frühe
20. Jh. verbreitet – ein Zeichen
für die Unabhängigkeit der
katholischen Kirche Kroatiens
von Rom. Älteste und be-
rühmteste Glagolica-Inschriften
sind die Tafeln von Baška
(Krk, ca. 1100 n. Chr.) und
Valun (Cres, 11. Jh.).

(A/B 2) Pula
Arena
Vielleicht die bedeutendste
Sehenswürdigkeit Kroatiens:
das Amphitheater, das einst
über 20 000 Menschen fasste
und zu den sechs größten
Arenen im gesamten Imperium
Romanum zählte. Gebaut
von Kaiser Augustus, wurde
das Theater unter Vespasian
(69-79 n. Chr.) erweitert, um
große Gladiatorenkämpfe
zu ermöglichen. Heute finden
hier Konzerte internatio-
naler Stars statt, aber auch Fest-
spiele, die die Römerzeit

aufleben lassen. Nähere Informationen ab Seite 68.

Marinefriedhof
Der k.u.k. Marinefriedhof liegt
abseits des Zentrums, hier
wurden ab 1862 Marineoffi-
ziere und Mannschaften
verschiedener Nationen be-
stattet. Südlich davon sind
bis heute große Festungen zu
sehen, die den einstigen
österreichischen Marine-Stütz-
punkt beschützten. Eine
dieser Anlagen ist das Fort
Bourguignon, gelegen
auf der Halbinsel Verudela.
Das Areal wird heute für
zwei bis drei Tage andauernde
Techno-Festivals genutzt.

(E 5) Trsteno
Garten der Dichter und Denker
Der kleine Küstenort liegt
rund 20 km nordwestlich von
Dubrovnik und besitzt ein
einzigartiges Arboretum. Hier
gedeihen viele seltene alte
Bäume und Pflanzen aus dem
Mittelmeerraum und an-
deren Klimazonen. Der Park,
heute etwa 25 Hektar groß,
wurde Ende des 15. Jh. von
einer Patrizierfamilie angelegt. Ihn schmücken Fontänen,
Aquädukte, Brunnen und
Steinskulpturen. Noch heute

verlieren sich Besucher leicht in der prächtigen Grünanlage – genau der richtige Ort, um die Gedanken schweifen zu lassen.
Arboretum Trsteno
Tel. 020 751019

(B/C 2) Valun
Die Tafel von Valun
Ein imposantes Zeugnis der frühen kroatischen Geschichte ist die Tafel von Valun aus dem 11. Jh. auf der Insel Cres: Sie ist das wohl älteste Zeugnis der glagolitischen Schrift in Kroatien (neben der Tafel von Baška, die als etwas jünger gilt). Auf dem schon verwitterten Stein können auch lateinische Buchstaben entziffert werden, sie bezeugen die Koexistenz zweier Schriften und damit zweier Sprachen und Kulturen. Die Tafel ist heute in einer Wand in der Marinkirche in Valun zu bewundern.
www.tzg-cres.hr

(J 5) Zadar
Museum »Gold und Silber von Zadar«
Das Benediktinerinnenkloster zeigt eine wundervolle Sammlung von Kirchenkunst, das »Gold und Silber von Zadar«. Die Nonnen ließen den Schatz während des Zweiten Weltkriegs im Glockenturm einmauern, in diesem Versteck blieben die kostbaren Statuen, Reliquienbehälter, Kreuze, Stickereien und Heiligenbilder, teils mehr als 1000 Jahre alt, der Stadt erhalten.
Trg opatice Čike 1

FILM & THEATER

Dokumentarfilm Festival »Zagreb Dox«
Ein international anerkanntes Festival des Dokumentarfilms findet von Ende Februar bis Anfang März in Zagreb statt. »Zagreb Dox« zeigt aktuelle Dokumentarfilmproduktionen. Das Festival besteht aus einem regionalen Wettbewerbsprogramm (Beiträge aus dem Balkanraum), Filmen aus aller Welt), einer Retrospektive sowie einem Sonderprogramm. Ein einwöchiger Branchentreff für Filmschaffende und ein Spaß für begeisterte Cineasten.
www.zagrebdox.net

Theater-Festival Zagreb
Bei diesem Stelldichein international bekannter Intendanten und Choreographen steht die Zagreber Kulturszene Kopf. Die Aufführungen finden Ende September auf mehreren Bühnen statt, etwa dem Zagreb Youth Theatre (ZKM) und dem Nationaltheater (HNK). Hochklassige Ensembles aus aller Welt gastieren in der Hauptstadt, dabei stehen Dramen ebenso auf dem Programm wie Tanztheater oder pantomimische Darbietungen. Auch viele deutsche Künstler zieht es hierher.
www.zagrebtheatrefestival.hr

Zagreb Filmfestival
Seit seiner Gründung im Jahr 2003 zählt das Zagreb Filmfestival, das jedes Jahr im Oktober stattfindet, zu den bedeutendsten Kulturevents des Landes. Seit 2010 wurde es auf verschiedene Kinos der Stadt erweitert. Im Hauptprogramm konkurrieren Spielfilme, Kurz- und Dokumentarfilme, im Begleitprogramm werden unter anderem Filme für Kinder, sozialkritische Filme und wichtige europäische Produktionen gezeigt sowie Lesungen abgehalten. Viele Filme laufen auf Englisch oder mit Untertiteln.
www.zagrebfilmfestival.com

Ihr kleiner Urlaub mit Musik!

Willkommen bei Ihrem musikalischen Kurzurlaub mit individueller Note! Entdecken Sie die schönsten Seiten des Musik- und Reiselandes Niedersachsen und wählen Sie aus mehr als 50 besonderen Konzert-Erlebnissen mit exklusivem Rahmenprogramm Ihre Lieblings-PartiTour(en).

© Hannover Concerts, Foto: Udo Weger, Szene: „Ein Sommernachtstraum"

Für Sie komponiert – Auszug aus dem aktuellen Programm

Datum / Ort	Programm
10.06. – 11.06.11 Göttingen	**Oh, là, là – eine französische Landpartie** „Vive le Baroque!" bei den Intern. Händel-Festspielen
02.07. – 03.07.11 Hannover	**Was für ein Theater!** Velma Superstar in der Hannoverschen Staatsoper
30.07. – 01.08.11 Alfeld	**„Mahlerische" Klänge im Bauhaus-Stil** Zu Gast bei den 21. Intern. Fredener Musiktagen
04.08. – 06.08.11 Hitzacker	**Folklore im Kammerkonzert** Familienbande in der musikalischen Weltkultur
12.08. – 13.08.11 Hannover	**Shakespeare im Gartentheater Hannover** „Ein Sommernachtstraum" als Musical von Heinz Rudolf Kunze und Heiner Lürig
12.08. – 14.08.11 Goslar	**Königliches Kulturvergnügen in der Kaiserstadt** Weltklassemusik trifft Weltkulturerbe
26.08. – 28.08.11 Jever	**Ein Schloss voller Musik** Auf den Spuren alter Fürsten
24.09. – 25.09.11 Bremerhaven	**Maritimes und Musikalisches bei der MeeresZeit** Die 25. Niedersächsischen Musiktage
30.09. – 02.10.11 Duderstadt	**Deutsch-deutsche Geschichte zum Hören u. Fühlen** Mit Jan Josef Liefers bis an die Grenze

Hellhörig geworden?
Ausführliche Beschreibungen zu den Angeboten der Saison 2011/2012 finden Sie im Internet unter www.partitouren-niedersachsen.de sowie in der PartiTouren-Broschüre. Ihr persönliches Exemplar können Sie unter der Nummer 0511-27048877 oder im Internet kostenfrei bestellen.

Info-Hotline 0511-27048877
www.partitouren-niedersachsen.de

PartiTouren
NIEDERSACHSEN

MERIAN | GUT GEGESSEN

Wo der Chef kocht

»Konobas« heißen die alten Lokale der Fischer,
Bauern und Einheimischen. Die Küche
dort ist ehrlich, schlicht und meist ausgezeichnet

Es gibt sie fast überall in Kroatien, vor allem aber in
den Hafenstädten: Restaurants und Lokale, die das
Wort »Konoba« im Namen tragen, meist mit einem Zu-
satz wie etwa einem Familiennamen oder einem Stadtteil.
Es sind die Gegenstücke zu den einfachen Tavernen und
Bodegas in anderen Mittelmeerländern. Nirgends ist
exakt definiert, was genau eine »Konoba« ist. Sicher ist
aber, dass man hier gut und günstig essen kann.
Das Wort »Konoba« bedeutet so viel wie Weinkeller, Stall
oder auch Kellerschenke. In den Küstenbereichen, wo es
im Sommer sehr heiß werden kann und es früher keinen
Strom gab, wurden für diese Lokale tiefe Gänge und Keller gegraben, in denen es kühl war und die Fische und Le-
bensmittel sich länger hielten. Oben im Lokal wurde den
Gästen das Essen serviert, aber die Fischer, Bauern und
einfachen Leute trafen sich oft auch in den Kellern, um
sich in den kühlen Räumen Schinken, Käse und Brot
schmecken zu lassen.

Mann am Herd: Nino in seiner »Konoba Astarea« bei Novigrad

Oft wird in traditionellen Steinöfen gekocht, die Lebens-
mittel kommen frisch von Bauern und Fischern, die mit
dem Besitzer befreundet sind. In einigen »Konobas«
stehen sogar noch alte Mühlen. Vor dem Hauptgang
wird meistens köstliches Brot mit Olivenöl und Meer-
salz serviert. Danach kann man nach Herzenslust bestellen und wird selten enttäuscht: Lamm, Fisch, Tintenfisch, schwarzer Reis, Kartoffelgerichte sowie Speisen
mit geräuchertem Speck, Fischsuppe und natürlich
immer wieder Schinken und Käse. Dazu fast ein Muss:
ein simpler, guter Landwein.

(E 5) Dubrovnik
D'Vino
Dunkel ist's drinnen, nur ein
paar Stühle und Tische stehen im Raum. Die Weinbar ist
bekannt und ein Unikum
in der Altstadt von Dubrovnik.
Zur Auswahl stehen viele
heimische Weine, aber auch
gute Importe aus aller
Welt. Immer wieder finden
Degustationen statt. Der
englische Inhaber berät gern
und kommt persönlich
an den Tisch. Perfekt für den
Start in einen langen Abend.
Palmoticeva 4a
Tel. 020 321130
www.dvino.net

Levanat
Schöner kann ein Restaurant
kaum liegen: von der Straße
einen steilen Hang hinunter,

mitten an der Steilküste außerhalb der Altstadt in Richtung der Strände im Westen.
Man sitzt unter Zypressen
und Olivenbäumen, genießt
gute dalmatinische Küche
und dreißig Meter unter einem
rauscht das Meer.
Nika i Meda Pucića 15
Tel. 020 435352
restoran.levanat@gmail.com

Moby Dick
Die Restaurants der Altstadt
sind oft sehr touristisch.
Schon von Weitem winken
einen Verkäufer ins Lokal. Das
»Moby Dick« ist darunter
eines der schönsten Lokale,
alles blau in blau gehalten.
Köstlich: die gebratene Leber
und das Tintenfischrisotto.
Prijeko 20 a
Tel. 020 321170

(B 1) Opatija
Hemingway Ristorante
Lokale mit diesem Namen
lassen oft auf Touristennepp
schließen. Nicht hier. Das
Restaurant ist angesagt in der
Stadt – vor allem wegen
seines guten Essens und des
großen Angebots. Eine kleine
kulinarische Perle an der Küste
mit intimem Ambiente und
mediterranen Spezialitäten wie
Fischsuppe in Muschel-
schale oder Gemüseplatten.
Zert 2
Tel. 051 712333

(A 2) Rovinj
Restaurant Monte
Die Gäste sitzen im Garten des
Innenhofs, in edler, aber
entspannter Atmosphäre, oder
draußen auf der hübschen
Terrasse. Das Restaurant von

Tjitske und Danijel Deki
liegt direkt an der Kathedrale
auf dem berühmten Altstadt-
hügel und wurde vom »Gault
Millau« für »höchste Krea-
tivität, Qualität und bestmög-
liche Zubereitung« aus-
gezeichnet. Bekannt ist es
vor allem für seine Fusion-
Gerichte, die stets mit lokalen
Produkten der Saison ganz
frisch und mit Leidenschaft
zubereitet werden.
Tel. 052 830203
Montalbano 75
www.monte.hr

(B/C 1) Rijeka
Pizzeria Bracera
In den Gassen der Stadt
liegen viele Restaurants und
Bars, nicht alle sehen einla-
dend aus. Dieses Lokal schon.
Der Besitzer führt auch das

Restaurant »Zlatna Školjka« auf der anderen Straßenseite, beide Lokale liegen sehr zentral. Neben hervorragenden Pizzas werden im rustikalen »Bracera« auch frische Salate zubereitet.
Kružna 10
Tel. 051 322498

(A4) Split
Buffet Fife
Eine wunderbare kleine »Konoba« unmittelbar neben der berühmten Promenade Riva, aber keineswegs ein Touristenlokal. Man sitzt draußen an einfachen Holztischen, blickt auf den Hafen und die abends leuchtenden Schiffe. Es gibt frischen Tintenfisch, Dorade, Schinken, Käse und köstliche Kartoffelgerichte. Echt kroatisch und obendrein günstig. Wer nach den guten Portionen noch Hunger auf ein Dessert hat, nimmt einen gefüllten *palačinke* – kroatischen Pfannkuchen.
Trumbićeva obala 11
Tel. 021 345233

Luxor
Eines der originellsten und beliebtesten Lokale in der Altstadt von Split, direkt am zentralen Platz Peristil im Diokletianspalast gelegen. Hier treffen sich Dichter, Musiker, Maler genauso wie Touristen und sitzen auf den Stufen vor der alten Kathedrale im Herzen der Stadt. Auf den steinernen Treppen liegen rote Kissen, Kellner servieren hier Drinks, Kaffee, Kuchen, Sandwiches und kleine Köstlichkeiten. Drinnen sitzt man in einem sehr schönen Saal, große Sofas stehen neben einem Bartresen und einem alten Klavier. Abends wird oft Livemusik gespielt.
Kraj Sv. Ivana 11 (Peristil)
Tel. 021 341082

Pimpinella
Die Taverne im Osten der Stadt nahe dem Strand von Bačvice liegt unten in einem Familienhaus und wirkt unscheinbar. Das Essen aber ist köstlich und wird vom bekannten Wirt Zeljan Radman angeboten. Es kommen Journalisten, Politiker und Künstler und laben sich an der Kost und der lockeren Atmosphäre. Draußen stehen ein paar Tische, drinnen ist Platz für rund fünfzig Gäste. Das Fleisch (Lamm und Steaks) ist hier ebenso gut wie der Fisch (Oktopus, Dorade sowie frischer Fang des Tages). Als Dessert unumgehbar: der sagenhafte Schokoladenkuchen mit Vanillecreme!
Spinčićeva 2a
Tel. 021 389606
pimpinellast@yahoo.com

(J5) Zadar
Fosa
Fisch, Hummer, Scampi – wer Meeresfrüchte mag, wird hier so schnell nicht wieder rausgehen. Das Restaurant liegt im alten Zolltor am Fischerhafen, von der verglasten Terrasse blickt man auf Schiffe und maritimes Treiben. In der Küche wird zubereitet, was frisch von draußen reinkommt – ein Gaumen- und ein Augenschmaus, denn die Gerichte werden raffiniert angerichtet serviert.
Kealja Dimitra Zvonimira 2
Tel. 023 314421
www.fosa.hr

(K2) Zagreb
Pivnica Stari Fijaker 900
Eine alte Fassade, gezeichnet von den Spuren der Zeit. Das Parterre aber ist fein herausgeputzt: beige gestrichen, roter Teppich, Pflanzen – der Eingang zu einem Restaurantklassiker der Stadt. Der Speisesaal ist holzvertäfelt in rundem Steingemäuer. Empfehlenswert: die hausgemachten Würstchen und *strukli* – mit Hüttenkäse gefüllte Teigtaschen.
Mesnička 6
Tel. 01 4833829
www.starifijaker.hr

Baltazar
Artischocken im Frühling, Steinpilze im Herbst. Auf den Tisch kommt nur das Beste der Saison. In dem gemütlichen und rustikalen Lokal regiert Wirt Bobo Čimbur, eine Ikone der Stadt. Er serviert reichhaltige Spezialitäten der kontinentalen kroatischen Küche. Sehr gut: *Pljeskavica* – gegrilltes Hackfleischschnitzel nach Rezept des Hauses.
Nova Ves 4
Tel. 01 4666999
www.restoran-baltazar.hr

MERIAN | TIPP

»Alles andere ist Sünde«: Nirgends sind Austern frischer als in Mali Ston – am besten pur zu genießen

Es ist abends, der Chef Svetan Pejić kommt persönlich an den Tisch. Der elegante Mann im Anzug ist Patron der »Vila Koruna« in Mali Ston an der Küste kurz vor Dubrovnik, dem Zentrum der kroatischen Muschel- und Austernzucht. »Im Meer und in unseren Zuchtbecken wachsen pro Jahr bis zu drei Millionen Austern«, sagt Pejić. Sie seien besonders gut, weil das Meer hier sehr sauber sei, zudem etwas Süßwasser einflösse. Aber nicht nur die Austern, auch weitere Meeresfrüchte und Krustentiere aus der Region sind bekannt für ihre Qualität: Hummer, Mies- und Klaffmuscheln, Scampi, dazu Risotto in allen Variationen. Die Hauptsaison für Austern dauert von März bis Juli, aber sie werden das ganze Jahr über serviert. Genießern gibt Boss Pejić noch einen Tipp mit an den Teller: »Der Kenner isst die Austern auschließlich pur, nicht mal mit einem Spritzer Zitrone – erst dann schmeckt man so richtig das Meer, alles andere ist Sünde.«
(D5) Vila Koruna, Koruna d.o.o. Mali Ston
Tel. 020 754999, www.vila-koruna.hr

Bis zu drei Millionen Austern werden in Mali Ston pro Jahr geerntet

MERIAN SPEZIALITÄTEN

Jedem das Feine

Petersfisch aus Split, Erdbeeren aus Zagreb: Jede Region Kroatiens
hat ihre eigenen Delikatessen

Vor Jahrtausenden schon wussten die Vučedoler Stämme, wie und wo sie der Natur die beste Nahrung abgewinnen konnten. Kroatien profitiert bis heute davon: Ob Austern, Wurst, Quark oder Käse – jede Gegend wartet mit ihren typischen Köstlichkeiten auf.

4 Meeresfrüchte aus Mali Ston Der Süden Dalmatiens ist berühmt für seine Austern und Muscheln (siehe Seite 129).

den Anbau der Früchte. Im Mai und Juni sind die Erdbeeren hier besonders süß und werden von zahlreichen Züchtern auf den Märkten verkauft.

7 Käse aus Mittel- und Nordkroatien Nach Paprika und Kümmel schmeckt der Käse »Turoš«. Oder: mit Sahne übergossener Quark mit Lauchzwiebeln und Radieschen.

8 »Kulen« aus Slawonien Die Rohwurst aus gewolftem Schweine- oder Schweine- und Rindfleisch mit pikanter Paprika-Schärfe schmeckt am besten von den Bauern der Region.

1 Trüffeln aus Istrien Hier gedeihen Trüffeln erster Güte, die es mit jenen aus dem Périgord oder dem Piemont aufnehmen können. Darunter die begehrte weiße Sorte Tuber magnatum.

9 Dorade aus dem Meer vor Split Vor der Küste Mitteldalmatiens werden die begehrten Weißfische der Adria gefangen. Schon Kaiser Diokletian soll Goldbrasse und Petersfisch geliebt haben.

2 Kartoffeleintopf aus Karlovac Die Kartoffeln aus der zentralkroatischen Region Lika sind bekannt für ihr Aroma. Am besten zu genießen im typischen Eintopf mit Speck, Schinken und Sauerkraut.

5 Lamm aus der Kvarner Region Die Inseln Krk, Rab und andere Teile der Kvarner Bucht und Küste sind bekannt für zartes, aromatisches Lammfleisch – ein Höhepunkt kroatischer Küche.

3 Sardinen aus der Region um Šibenik Ob gegrillt oder gebraten – die Fische vom Kornatenarchipel und aus Mitteldalmatien sind besonders schmackhaft.

6 Erdbeeren aus Zagreb Sie sind gesund, haben kaum Kalorien und schmecken nach Sommer: Das Klima bei Zagreb begünstigt

10 Schafskäse aus Norddalmatien Der Käse »Paški Sir« stammt von der Insel Pag nördlich von Zadar. Sein markantes Aroma verleiht ihm der hohe Salzgehalt in der Milch, die von den wild lebenden Insel-Schafen kommt.

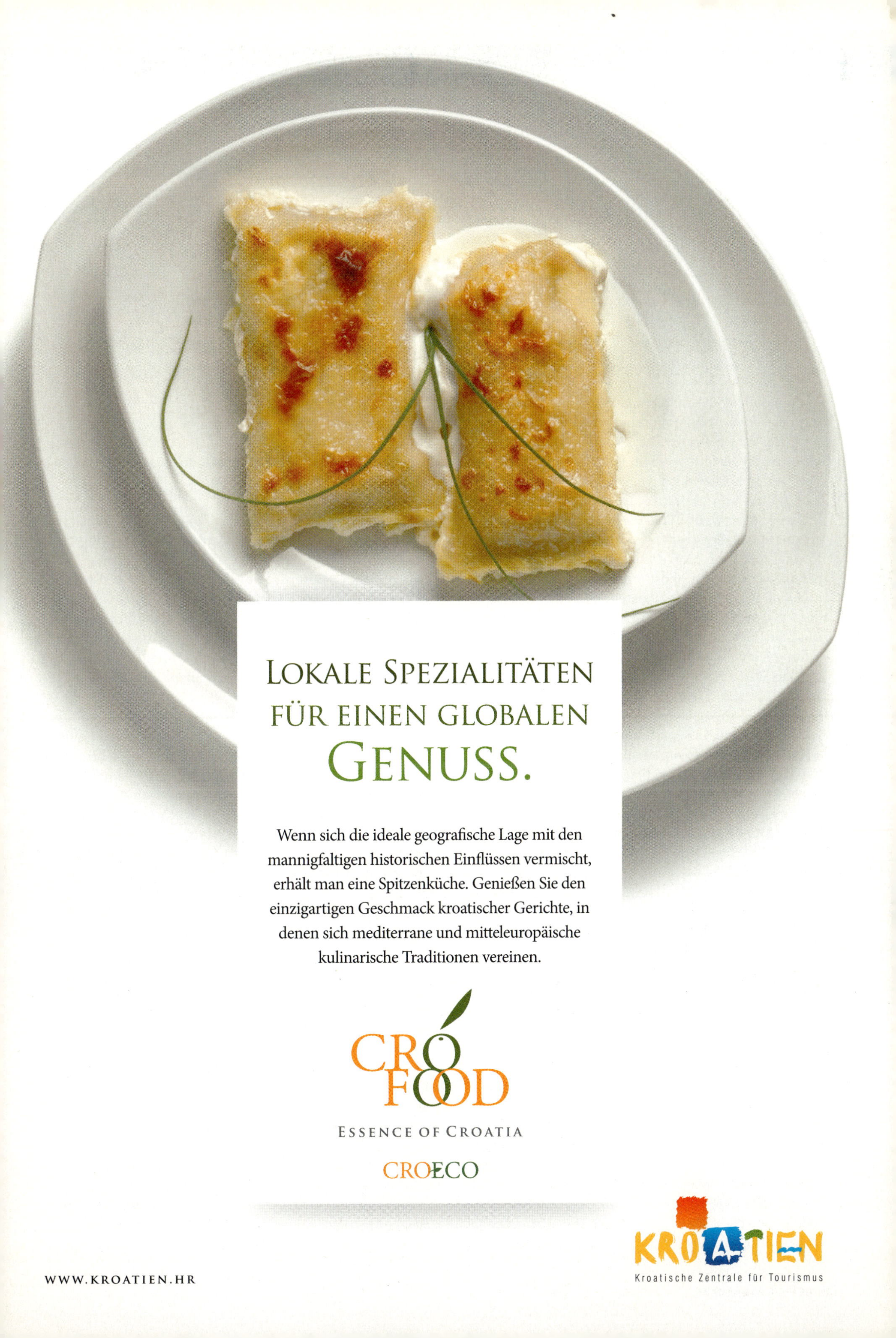

LOKALE SPEZIALITÄTEN FÜR EINEN GLOBALEN GENUSS.

Wenn sich die ideale geografische Lage mit den mannigfaltigen historischen Einflüssen vermischt, erhält man eine Spitzenküche. Genießen Sie den einzigartigen Geschmack kroatischer Gerichte, in denen sich mediterrane und mitteleuropäische kulinarische Traditionen vereinen.

CRO FOOD

ESSENCE OF CROATIA

CROECO

KROATIEN
Kroatische Zentrale für Tourismus

Zelt überm Kopf

Kroatien ist das Land der Camper. Kein Wunder,
die Küste bietet jede Menge wunderschöne Plätze

Liegeplatz in erster Reihe auf dem Campingplatz Park Umag

Über 230 Campingplätze gibt es in Kroatien, außerdem rund 300 Privatgrundstücke, auf denen Gäste in Wohnmobilen oder Zelten übernachten können. Camping ist in Kroatien so beliebt und verbreitet, dass auf den Plätzen jedes Jahr bis zu 25 Prozent aller landesweiten Übernachtungen gezählt werden. Und das mit gutem Grund: Die Campingplätze liegen meist sehr schön, in Wassernähe und sauberer Natur. Auch kann man auf den Anlagen vielerorts Bungalows oder kleine Apartments mieten, oft in sogenannten Holiday Villages. Viele Plätze bieten zudem Restaurants, Pools, Wellnessanlagen, Animation für die Kinder und verschiedene Sportmöglichkeiten. Zahlreiche Plätze erhielten Auszeichnungen, unter anderem vom ADAC.

Die Stars unter den Campingplätzen:

• Die Anlage **Park Umag** zwischen Umag und Novigrad (A 1) ist der größte und qualitativ beste Campingplatz in Istrien.
• Bei Umag (A 1) liegt der bekannte **Stella Maris** mit vielen Restaurants, Geschäften und Sportangeboten.
• Bei Savudrija (A 1), am westlichsten Teil der kroatischen Küste, liegt der Campingplatz **Pineta**. Schöne Fels- und Kiesstrände, Restaurants, auf der Terrasse oft Livemusik.
• Der Campingplatz **Lanterna** zwischen Novigrad und Poreč (A 1) erstreckt sich auf drei Kilometern Kiesküste in einem Kiefern- und Eichenwald. Schönes Extra: zwei Pools mit Hydromassage.

• Nahe Vrsar (A 2) liegen die Campingplätze **Valkanela**, **Porto Sole** und **Orsera**, zum sehenswerten Skulpturenpark von Dušan Džamonja ist es nur ein Katzensprung.
• Auf einer Halbinsel bei der Stadt Cres (C 2) finden Gäste den Campingplatz **Kovačine**, er bietet viel Schatten, hat Fels- und Kiesstrände und verfügt über einen gesonderten FKK-Strand. Tauchkurse werden angeboten.
• Auf der Nachbarinsel Lošinj (C 3) liegt der Campingplatz **Poljana** in einer schönen Bucht auf dem längsten Teil der Insel.
• Das preisgekrönte **Zaton Holiday Village** bei Nin (D 3) ist der größte dalmatinische Campingplatz. Strand für Kinder, beheizter Pool sowie viel Sport und Unterhaltung.
• Liebhaber der Südküste wählen den Campingplatz **Nevio** in unmittelbarer Nähe von Orebić (C 5). Die Anlage ist sehr grün und hat einen schönen Strand.

Kroatiens Campingplätze im Netz: www.camping.hr; www.topcamping.hr; www.camping-adriatic.com

(E 5) Dubrovnik
Hotel Excelsior
Großes, schönes Hotel, das sowohl aus einem alten wie einem modernen Flügel besteht und sich direkt an die Felsen am Meer schmiegt, mit Blick aufs Wasser und die historische Altstadt. Auf den unteren Etagen liegt eine moderne Bar mit Meerblick und ein großes Restaurant mit schöner Terrasse. Besonders einladend sind der große Pool und das Spa mit Jacuzzi,

Sauna und Dampfbad. Die davor liegende Steinmole wird von den Wellen der Adria überspült. Romantisch!
Frana Supila 12
Tel. 020 353000
www.hotel-excelsior.hr
158 Zi., DZ ab 218 €

Grand Villa Argentina
Nobel, alt und stilvoll. Auch dieses Hotel liegt an den Felsen und nahe der Altstadt. Über mehrere Etagen wandelt man über Terrassen nach

unten zu den Grünflächen am Wasser. Im Haus bietet das Wellnesscenter Hydromassagen, Sauna und türkische Bäder. Große Terrasse zum Sonnenbaden.
Frana Supila 14
Tel. 020 440555
www.gva.hr
165 Zi., DZ ab 140 €

(C 4) Gradac
Boutique Hotel Marco Polo
Von den Balkonen der Zimmer kann man den Blick vom

Meer kaum noch lösen. Das Hotel liegt in einem ruhigen Viertel und direkt am herrlichen klaren Wasser der Makarska-Riviera. Die Zimmer sind unterschiedlich eingerichtet, dabei aber alle modern und komfortabel. Restaurant und Weinbar liegen versteckt unter Bäumen: verwinkelt und romantisch.
Obala 15
Tel. 021 695060
www.hotel-marcopolo.com
25 Zi., DZ ab 60 €

Und hinterm Pool wartet das Meer: das »Marco Polo« in Gradac

(A/B 5) Hvar

Adriana Hvar Marina Hotel & Spa

Das moderne und luxuriöse Hotel auf der Urlaubsinsel Hvar liegt oberhalb der Promenade am Hafen, Gäste blicken mitten auf die wunderschöne Altstadt. Mit seinem chicen Design gehörte es als erstes kroatisches Hotel zu »The Leading Small Hotels of the World«. Auf der riesigen Holzterrasse stehen edle Liegen, drinnen dominieren dezente Farben. Auf dem Dach lädt ein Meerwasserpool zum Schwimmen ein. Andere Annehmlichkeiten sind die Rooftop-Bar, ein Spa und die gute Küche.
Fabrika bb
Tel. 021 750200
www.suncanihvar.com/adriana-hvar-spa-hotel.html
59 Zi., DZ ab 120 €
Buchbar auch über
www.artoftravel.de

(A/B 1/2) Istriens Hinterland

Landhäuser im Grünen

Die Halbinsel Istrien hat nicht nur eine schöne Küste, auch das Hinterland mit seinen bewaldeten Hügeln und seinen Bergdörfern zieht viele Feriengäste an. Unter den typischen Landhäusern dieser Region finden sich wunderbare Unterkünfte wie etwa das Gasthaus »Marino« oder die »Casa Romantica La Parenzana Volpija«. Die Häuser liegen meist in ruhiger Natur, haben teils eigene Keltereien, und das Essen – auch Spezialitäten wie Trüffel – kommt frisch von den Bauern der Umgebung.
Landhäuser sind buchbar über www.kroatien-idriva.de
DZ ab 182 € pro Woche

(C 5) Korcula

Hotel Korcula

Das Hotel wurde 1906 erbaut, als erstes im Ort. Alt und mit leicht verstaubtem Charme verströmt es eine besondere Atmosphäre – als seien hier schon große Romane geschrieben worden. Es liegt hübsch zwischen den massiven Altstadtmauern und dem blauen Meer, hat eine von Wein umrankte Terrasse und bietet gutes Abendessen.
Obala dr. Franje Tudjmana
Tel. 020 711078
www.hotelkorcula.com
22 Zi., DZ ab 100 €

(B 1) Opatija

Hotel Miramar

Ein Hotel zum Entspannen an einer schönen, ruhigen Bucht der Adria: Es nippt quasi am Meer und hat einen kleinen Felsbadestrand mit gutem Zugang zum Meer. Die Anlage besteht neben der großen Villa Neptun mit Restaurant noch aus drei weiteren Gebäuden, die sich um den Hotelgarten im Innenhof gruppieren. Auf dem Hof steht das Wahrzeichen des Hauses: der Kamelienbrunnen von dem Wiener Bildhauer Hans Muhr.
Ive Kaline 11
Tel. 051 280000
www.hotel-miramar.info
104 Zi., DZ ab 80 €

Villa Vranješ

Im ruhigeren Teil des Ortes gelegen, blickt man von diesem kleinen Hotel auf die Kvarner Bucht und das Meer. Die Terrasse hat einen Pool, und man sitzt beim Essen gemütlich im Schatten. Im Sommer sind die Bierbar und der kleine Nightclub geöffnet.
Antona Mihića 24
Tel. 051 711907
http://en.villavranjes.com
17 Zi., DZ ab 55 €

(C 2) Rab

Hotel Arbiana

Alter Charme und beste Lage am Hafen in der Altstadt. Die Zimmer sind edel, haben große Betten und vor den Fenstern hängen schwere Vorhänge. Das Hotel wurde 1924 erbaut, viele Teile der Architektur aus dieser Zeit sind noch erhalten.
Petar Krešimir IV
Tel. 051 775900
www.arbianahotel.com
28 Zi., DZ ab 100 €

(A 2) Rovinj

Monte Mulini

Luxus und Lifestyle nur knapp außerhalb von Rovinj. Das moderne Haus liegt direkt am Meer, die Architektur ist extravagant, ein gekonnter Mix aus Schnörkeln, bunten Farben und zeitloser Eleganz. Vor dem Hauptgebäude lädt ein geschwungener Pool zum Schwimmen ein, außerdem bietet das Haus ein mediterranes Spa und feine Gourmet-Küche.
A. Smareglia bb
Tel. 052 636000
www.montemulinihotel.com
113 Zi., DZ ab 151 €
Buchbar auch über
www.artoftravel.de

(A 4) Split

Hotel Park Split

Der Klassiker in Split. Ein wunderschönes, altes Hotel, nahe am Meer mit viel Char-

Nah am Wasser gebaut: das Hotel »Miramar« in Opatija

me. Auf der Terrasse sitzt man unter Palmen, drinnen tafeln die Gäste unter hohen Decken. Das Haus wurde erst kürzlich renoviert und liegt ganz nah am bekannten Strand von Bačvice, ca. zehn Fußminuten von der Altstadt und dem Diokletianspalast entfernt. Unbedingt rechtzeitig reservieren.
Hatzeov perivoj 3
Tel. 021 406406
www.hotelpark-split.hr
57 Zi., DZ ab 80 €

Hotel Atrium
Modern, schlicht, hell, mit viel Marmor und Glas. Das Haus liegt zwar nicht direkt in der Altstadt, aber doch so zentral, dass man zu Fuß alles erreicht. Die Zimmer sind großzügig, mit Flachbildschirmen und großen Bädern ausgestattet. Im Keller gibt es einen Pool und ein Spa mit Sauna und Dampfbad.
Domovinskog rata 49 a
Tel. 021 200000
www.hotel-atrium.hr
124 Zi., DZ ab 80 €

Hotel Vestibul Palace
Hier wohnt man in historischen Mauern, inmitten des schönen Altstadtkerns des Diokletianpalastes. Zentraler geht es nicht. Innen wurden die alten Steine gekonnt in die Architektur integriert. Die Einrichtung ist dennoch modern und luxuriös und sorgt so für einen interessanten Mix. Durch ein großes Glasdach in der Lobby fällt das Licht auf antikes Interieur.
Iza Vestibula 4
Tel. 021 329329
www.vestibulpalace.com
7 Zi., DZ ab 110 €

(A 4) Trogir
Hotel Tragos
Ein kleines, einfaches Haus, aber auch ein kleines Schmuckstück. Es fügt sich perfekt in die schöne, alte Stadt ein. Die Fensterläden sind aus naturbelassenem Holz, von außen mutet das Hotel ein wenig wie eine Burg an. Innen warten 18 schlichte, aber saubere Zimmer, im Restaurant, das in einem hübschen Garten liegt, werden Spezialitäten der dalmatinischen Küche serviert.
Budislavićeva 3
Tel. 021 884729
www.tragos.hr
12 Zi., DZ ab 70 €

(J 5) Zadar
Hotel President
Im schönen Zadar eines der besten Hotels, luxuriös ausgestattet und privat geführt. Die Bäder in den Zimmern sind elegant, das Mobiliar ist üppig, über den Betten hängen teils alte Ölschinken. In der Bar gibt es gute Drinks, im Restaurant »Vivaldi« tafelt man in barockem Ambiente.
Vladana Desnice 16
Tel. 023 333464
www.hotel-president.hr
27 Zi., DZ ab 140 €

Hotel Villa Nico
Da es in der Altstadt von Zadar kein Hotel gibt (wohl aber einige Privatunterkünfte), wohnen die Gäste meist in nahen Hotels und Pensionen. Die »Villa Nico« liegt an einem ruhigen Strand mit Promenade und ist familiengeführt. Kein Luxus und Pomp, aber nett und sauber.
Krešimirova obala 138
Tel. 023 331198
www.hotel-villanico.com
25 Zi., DZ ab 70 €

(K 2) Zagreb
Regent Esplanade
Dieses Hotel ist Kult, pompös und voller spannender Geschichten. Hier stiegen früher die illustren Gäste aus dem Orientexpress ab, später logierten im »Esplanade« Präsidenten, Künstler und Politiker. Art-déco-Elemente, Marmor, wuchtige Treppen und der fulminante »Emerald«-Tanzsaal machen das altehrwürdige Hotel zu einem Palast der guten alten Zeit. Wer hier nicht wohnt, sollte das Haus zumindest für einen guten Cocktail an der Bar besuchen.
Mihanovićeva 1
Tel. 01 4566666
www.regenthotels.com
209 Zi., DZ ab 160 €

Hotel Jägerhorn
Wer in Zagreb etwas günstiger wohnen will, findet hier ein 1827 gegründetes, kleines nettes Hotel in guter Lage zwischen Altstadt, Fußgängerpassagen und dem Ban-Jelačić-Platz im Herzen der Stadt. Von den Dachzimmern aus hat man einen schönen Blick auf das Viertel Gradec.
Ilica 14, Tel. 01 4833877
www.jaegerhorn.hr
13 Zi., DZ ab 94 €

MERIAN | ZIMMER MIT ANSCHLUSS

Ein Zuhause auf Zeit: Wohnen in Privatunterkünften
Viele Familien vermieten in Kroatien Häuser, Apartments und Zimmer. Eine gute Gelegenheit, günstig zu übernachten und authentisches Kroatien kennenzulernen. Oft sitzt man mit den Gastgebern zusammen und bekommt Tipps aus erster Hand, aktueller als aus jedem Reiseführer. Meist liegen die Privatunterkünfte sehr zentral, stets aber in der Nähe beliebter Urlaubsorte. In Kroatien existieren rund 600 000 Haushalte, die sich für die Vermietung an Gäste beim Tourismusverband angemeldet haben. Viele der Unterkünfte haben Drei-, Vier- oder sogar Fünf-Sterne-Niveau. Vor allem in Istrien werden zahlreiche und schöne Familienunterkünfte angeboten. Anfang 2006 rief die Touristische Gemeinschaft der Region Istrien ein Projekt für qualitativ bessere Privatunterkünfte ins Leben – genannt »Domus Bonus«. Mit diesem Projekt wurden Qualitätsstandards festgelegt. Inzwischen findet das erfolgreiche Konzept auch in anderen Regionen Kroatiens Anwendung.
Kroatische Privatunterkünfte im Netz:
www.apartmanija.hr; www.apartmani-hrvatska.com; www.croatia-apartments-kroatien.com

MERIAN | INSELHOPPING

Leinen los!

Warmes Meer, gespickt mit schönen Inseln –
Kroatiens Küsten sind eine maritime Wunderwelt.
Am besten per Boot zu entdecken

Tagelang Meerblick: Tour mit dem klassischen Motorsegler

Kroatien mag ein eher kleines Land sein, doch was die Länge seiner Küsten betrifft, zeigt es erstaunliche Ausmaße. Alle Küsten zusammen summieren sich zu einer Länge von über **6000 Kilometern,** das ist deutlich mehr als selbst Spanien vorzuweisen hat. Dies liegt vor allem daran, dass die kroatische Küste eine der zerklüftetsten weltweit ist; viele bezeichnen sie darum auch als »archipelagische Küste«. Dem Festland vorgelagert sind rund **1200 Inseln,** die es allein auf eine Küstenlänge von über 4000 Kilometer bringen. Von diesen Inseln sind nur um die fünfzig dauerhaft bewohnt, die größten sind Krk und Cres, die kleinsten lugen als kleine Steinhügel aus den Wogen. Eine maritime Wunderwelt – und schon der Blick aufs Meer macht trunken. In vielen Buchten leuchtet die Adria in allen Blau-, Grün- und Türkistönen. Vor allem aber ist das Wasser geradezu unverschämt klar. Der Grund dafür: In Kroatien gibt es wenig Sandstrände und große Flüsse, deswegen trüben kaum Einspülungen und aufgewirbeltes Sediment die See. Im Sommer erreicht das Wsser an den Küsten eine Temperatur von bis zu dreißig Grad, selbst im Oktober kann man bei 23 Grad noch bestens baden. Ein Dorado für Schwimmer und Wassersportler – und für Kreuzfahrer, die die Inselwelt in kleinen Booten entdecken.

Kreuzfahrten für Radler und Entdecker

Robuste Motorsegler sind die Klassiker in den kroatischen Küstengewässern. Die urigen Kreuzfahrtschiffe, zwanzig bis dreißig Meter lang, sind oft noch aus Holz gebaut. Sie haben mehrere Kabinen, und stets ist ein erfahrener Skipper an Bord. Die Schiffe machen in vielen Häfen fest, die Gäste brechen anschließend mit den schiffseigenen Fahrrädern zu Entdeckungstouren auf. Die Tagesetappen führen in wunderschöne Natur, gegessen wird abends an Bord, bevor die Passagiere sich in ihre Kojen zurückziehen. Tags darauf startet das Schiff zur nächsten Insel, manchmal werden sogar zwei Eilande an einem Tag angelaufen. Eine Woche Bike-Kreuzfahrt mit dem Motorsegler »Antonela« in der Kvarner Bucht ab Rijeka kostet in der Doppelkabine mit Halbpension ab 575 Euro pro Person. Reisen und Termine etwa über den deutschen Veranstalter I.D. Riva Tours Tel. 089 2311000, www.kroatien-idriva.de

ZU WASSER

KAJAKFAHREN
Kanuten finden in der Adria attraktive Buchten und können bei fast allen Bedingungen die Küsten entlang paddeln. Die meisten Inseln bieten stets eine Seite, die bei den vorherrschenden Windverhältnissen vor Wind und Wellen geschützt ist. Zudem lassen sich im Kajak Buchten ansteuern, die für größere Boote unerreichbar sind.

Reviere
Kvarner Bucht
Zwischen den Inseln im Norden sind Tagestouren ebenso möglich wie längere Fahrten. Übernachten kann man in Pensionen in den Häfen oder auf Campingplätzen.

Kornaten
Ein Ziel für Abenteurer: Kanuten sind hier auf eigene Faust unterwegs und müssen sich selbst versorgen. Nur mit Genehmigung. Buchbar etwa über **www.prijon.com**

Elafiti-Inseln
Die 13 Eilande sind ein erstklassiges Kajak-Ziel: schöne Natur, Strände, kleine Dörfer. Die weitestgehend autofreien Inseln sind gute Zwischenstationen auf dem Weg aus Cavtat oder Dubrovnik nach Mljet.

Veranstalter
Adriatic Kayak Tours
Die Amerikanerin Tamsen Resor bietet Touren in Süddalmatien: halbe Tage, ganze Tage oder eine Woche. Kleine Gruppen, einheimische Guides, die mit den Gästen durch

Höhlen paddeln, an Schnorchelspots stoppen und entlegene Inseln wie Vis erkunden.
Tel. 020 312770
www.adriatickayaktours.com

Sea Kayak Croatia
Gründer Joško Matušan hat alle Routen sorgfältig ausgearbeitet. Er bietet kurze und lange Touren an, zu fast allen Inseln sowie in Canyons und auf Flüssen. Unterwegs wird in Pensionen übernachtet oder wild gezeltet.
Tel. 091 4641565
www.seakayak.hr

RAFTING

25 km südlich von Split liegt der kleine Ort Omiš am Cetina-Fluss, der aus den Bergen von Mosor und Biokova talwärts fließt. Rafting-Fans finden hier beste Bedingungen. In großen stabilen Schlauchbooten rasen sie die reißenden Fluten hinunter. Die Touren im Canyon sind 9,5 Kilometer lang, enden in Izletište Luka und dauern drei bis vier Stunden. Das Rafting hier hat den Schwierigkeitsgrad I-III, unterwegs passiert man schon mal heftige Stromschnellen. Die Schlucht gilt als eine der schönsten Kroatiens, das Wasser im Fluss erreicht im Sommer bis zu 20 Grad; wenn die Bedingungen es erlauben, kann man darin sogar schwimmen.
Dalmatia Rafting
Tel. 021 321698
www.dalmatiarafting.com
Weitere Rafting-Touren unter:
www.slaptours.hr
www.rafting-pinta.com

TAUCHEN

Wegen des klaren Wassers mit Sichtweiten bis zu 35 Metern ist Kroatien ein hervorragendes Tauchrevier. Die Unterwasserwelt bietet Steilwände, Höhlen, Grotten und sogar Korallenriffe. Zahlreiche Wracks vor den Küsten, darunter gesunkene Flugzeuge, sind berüchtigt und ziehen viele Taucher an.

Tauchschulen & Reviere

Wer in Kroatien tauchen will, braucht einen Schein. Fast alle Tauchbasen im Land bieten Kurse nach internationalem Standard an (Padi oder andere Verbände). Etwa 100 Schulen sind im Land gemeldet, vom Norden Istriens bis in den Süden Dalmatiens. Die meisten sind im kroatischen Verbund für Tauchtourismus »Pro Diving Croatia« zusammengeschlossen. Equipment und Flaschen können geliehen werden. Viele Tauchgänge finden vom Land aus statt, gute Steilwände liegen oft in der Nähe. Touren zu Wracks werden meist in Booten unternommen. Einen Katalog mit Revieren und Tauchbasen (»Tauchen in Kroatien«) hält die Kroatische Zentrale für Tourismus parat. Ein Liste mit Revieren, Wracks und Schulen in den verschiedenen Landesteilen bietet die Seite: www.diving.hr

WINDSURFEN

In Kroatien wehen oft konstante Winde, die das flache Wasser in vielen Buchten zu guten Surf-Spots machen: hervorragend geeignet für Speedritte und Manöver-Training, aber auch für Anfängerkurse.

Reviere
Bi-Village

Diese neue Touristenanlage im Süden Istriens liegt gegenüber dem Nationalpark Brijuni und ist nur wenige Kilometer von Fazana und Pula entfernt. Die Windsurfstation befindet sich in der Mitte der Küste: Keiner der zehn verschiedenen Spots ist weiter als zwanzig Kilometer von der Basis entfernt – perfekt, um bei jeder Windrichtung gute Bedingungen zu finden.
Tel. 098 440977
www.windsurfstation.com

Premantura

Das kleine Fischerdorf finden Surfer im Süden Istriens in der Nähe des Naturparks Kap

Land in Sicht: Paddler kehren in Dubrovniks Hafen zurück

Kamenjak. An der Ostseite der Halbinsel befindet sich ein Windsurfing-Zentrum. Der Spot ist bei allen vorherrschenden Winden gut. Im Frühling und Herbst sind die Starkwinde besonders häufig. In den Sommermonaten kommen vor allem Anfänger auf ihre Kosten, wenn der schwächere Maestral weht.
Tel. 091 5123646
www.windsurfing.hr

ZU LAND

ATV-SAFARI

Auf geländetauglichen Quads – Motorrädern mit vier dicken Stollenreifen – fahren die Teilnehmer durch die Landschaft von Konavle, das Hinterland zwischen Dubrovnik und Molunat. Sie preschen über Bergpässe und Schotterpisten. Erfahrung nicht nötig. Die Touren dauern um vier Stunden und gehen über 25 Kilometer. Kosten: 82 Euro im Einsitzer.
Kojan Koral
Tel. 098 606929
www.kojankoral.hr

GOLF

Die Zahl der Plätze im Land wächst. Ein Entwicklungsprogramm sieht den Bau von über 30 neuen Kurse sowohl an der Küste als auch im

Fest im Sattel: Reiten im Hinterland Dubrovniks

Landesinneren vor. Bislang existieren vier 18-Loch-Plätze. Zwei davon wurden erst 2009 eröffnet: im Golf & Country Club Zagreb und in Crveni Vrh bei Savudrija innerhalb des Kempinski Resorts. Älter sind der Kurs auf der Brijuni-Inselgruppe und der 18-Loch-Platz in Krašić. Alle anderen Golfplätze in Kroatien haben neun Löcher oder sind kleinere Übungsanlagen. Erst seit Kurzem existieren das Grün in Sveti Martin an der Mur und der Golfübungsplatz Molindrio in Poreč. Letzterer liegt direkt am Eingang in die Zelena Laguna, die Grüne Lagune. www.worldgolf.com/courses/croatia

KLETTERN UND CANYONING

Vor allem in der Gegend von Split ragen nicht weit von der Küste Berge und Felswände steil empor. Kletterer, vor allem Freeclimber und Boulderer, finden hier gute Reviere. Ein besonders beliebter Spot liegt in Omiš an der Makarska-Riviera, aber auch in Istrien und südlich von Rijeka existieren anspruchsvolle Felswände. Klettertouren sollten nur unter ortskundiger Führung stattfinden. Karten und Fotos mit eingezeichneten Kletterrouten unter: www.climbingomis.com. Informationen zu landesweiten Revieren, Karten, Guides und Kursen vermittelt die Croatian Climbing Federation Tel. 01 4823624 www.plsavez.hr

MOUNTAINBIKEN
Insel Hvar

Hvar ist dicht bewaldet, bergig und durchzogen von zahlreichen Schotterwegen: das perfekte Terrain zum Mountainbiken. Single- und Freeride-Strecken verlaufen auf früheren Römerwegen und Ziegenpfaden in den Bergen. Besonders gut sind die Routen zwischen Stari Grad und Vrboska sowie in den Bergen in der Inselmitte. Der südliche Teil ist gut für Trial- und Extrem-Downhiller. Die deutsche Trial-Nationalmannschaft richtete auf der Insel schon einmal ihr Trainingscamp ein. Auch Spitzen-Downhiller aus Deutschland, den USA und Japan sind hier zu treffen. www.croatiabike.com

OLIVENERNTE
Insel Solta

Die stille, naturbelassene Insel liegt nur 45 Minuten mit der Fähre von Split entfernt. Hier können Interessierte bei der Olivenernte helfen. Organisiert wird das Angebot von Olynthia Natura, einem kleinen Produzenten, der für sein Öl schon viele Preise gewonnen hat. Nach der Arbeit können die Gäste zuschauen, wie das Öl gepresst wird, anschließend gibt es Verköstigungen mit lokalem Wein. Jeder Teilnehmer erhält zum Abschluss eine Flasche bestes Olivenöl. Kosten: 50 Euro inkl. Fähranfahrt und Mittagessen. Tel. 098 9836160 www.olynthia.hr

REITEN
Dubrovnik

Südlich von Dubrovnik erstreckt sich eine herrliche, weite Landschaft mit alten Olivenbäumen, Weinbergen und Pinienwäldern. Hier liegt auch das kleine Dorf Popovici, ein guter Ausgangspunkt für Ausritte. Sieben Pferde können im »Riding Center« ausgeliehen werden, verschiedene Trails für Profis und Anfänger stehen zur Auswahl. Die meisten Strecken bieten einen phantastischen Ausblick auf die Küste. Spezielle Kinderprogramme werden ebenfalls angeboten. Kosten: 82 Euro pro Person. Kojan Koral Tel. 098 606929 www.kojankoral.hr

Istrien

Das Reitcenter liegt 20 km von Rovinj, im Ort Zminj. Von hier aus starten verschiedene Touren, die über sieben Tage gehen und durch Wälder und leicht bergiges Gelände führen. Um an den Touren teilzunehmen, sind keine fortgeschrittenen Reitkenntnisse nötig. Auf der familiengeführten Ranch stehen 17 Pferde parat, geritten wird in kleinen Gruppen. Sieben Tage kosten 750 Euro inkl. Wohnen und Essen. Istra Trekking Tel. 091 8858403. Infos über www.farandride.com Reiten in Istrien auch über www.pferdreiter.de

SURVIVAL-TRAINING

Wie überlebe ich in der Wildnis? Wie finde ich Wasser und ernähre mich in der freien Natur? Dieses Wissen vermitteln Survivalkurse auf Inseln und in den Bergen und Canyons Kroatiens. Die Teilnehmer lernen Fischen, Schwimmen in Wellen und Meer, Klettern und andere Überlebensstrategien. Die Kurse richten sich sowohl an Anfänger als auch an Extrem-Sportler, die sich auf Expeditionen vorbereiten wollen. Croatian Outdoor Survival School Tel. 052 387303 www.extremesurvive.com

WANDERN
Insel Vis

Die größte Insel Mitteldalmatiens liegt rund 40 km vom Festland entfernt und bietet ein Fülle von eindrucksvollen Wanderwegen. Die Routen führen in die Berge und an der schroffen Küste entlang. Den Wanderern liegen abgeschiedene Buchten mit türkisgrünem Wasser zu Füßen. Die meisten Touren dauern zwischen fünf und sechs Stunden, der Schwierigkeitsgrad reicht von einfach bis anspruchsvoll. Zimmer vermietet die Apartment-Pension »Nona House« im Örtchen Komiža direkt am Meer gelegen. www.hiking-croatia.net

Rijeka ansässigen Marineakademie ihre Ausbildung. Weitere wichtige Standorte sind Split, Šibenik und die Bucht von Kotor im äußersten Süden des Landes.

Zu Beginn des 20. Jahrhunderts ist Österreich-Ungarn nach Russland flächenmäßig das zweitgrößte Land in Europa – und die **sechstgrößte Seemacht der Welt**. Seine Handels- und Kriegsmarine kontrolliert die Wasserwege der Adria. Bis 1914 wird die Flotte stetig erweitert, Thronfolger Franz Ferdinand und seine Admiräle treiben den Ausbau voran; später beschränkt man sich darauf, die Küsten zu sichern.

Das Ende des Ersten Weltkriegs bedeutet auch das **Ende für Österreich-Ungarns Kriegsmarine** – und für das gesamte Kaiserreich. Ein Überraschungsangriff, der die von Italien gesperrte Straße von Ostranto wieder passierbar machen soll, scheitert. Am 31. Oktober 1918 übergibt der letzte Kommandant Nikolaus von Horthy auf Befehl von Kaiser Karl I. das Kommando über die k. u. k. Kriegsflotte an die Marine des neu gegründeten Staates der Serben, Kroaten und Slowenen. Im Hafen von Pula versenken die Italiener noch am 1. November das berühmte Schlachtschiff »Viribus Unitis«, 400 Menschen kommen dabei ums Leben. Die Rolle Österreichs als einer der führenden Seemächte der Welt ist passé. *Angela Niggemeyer*

INFORMATIONEN

Die Kroatische Zentrale für Tourismus in Deutschland hält viele Infobroschüren über das Reiseziel Kroatien bereit sowie Kataloge zu einzelnen Themen. Anzufordern unter:
Kroatische Zentrale für Tourismus, Hochstraße 43 60313 Frankfurt Tel. 069 2385350 sowie **Rumfordstraße 7 80469 München Tel. 089 223344 www.kroatien.hr**

ANREISE

Mit dem Flugzeug

Croatia Airlines fliegt von 16 deutschen Städten viele Ziele in Kroatien an, darunter Zagreb, Split, Dubrovnik, Rijeka, Zadar. Frankfurt – Split ca. 1 h 35 München – Zagreb ca. 1 h 15 **Croatia Airlines Tel. 069 9200520 www.croatiaairlines.com** Auch Lufthansa, Germanwings, Ryanair und Air Berlin fliegen von vielen deutschen Flughäfen nach Kroatien.

Mit dem Wagen übers Wasser

Mietwagen

Zu empfehlen ist die Buchung übers Internet. Beste Preise, beste Website: **www.billiger-mietwagen.de**

Mit dem Auto

Entfernungen: Berlin – Dubrovnik: 2011 km Berlin – Zagreb: 1434 km München – Pula: 651 km Stuttgart – Split: 1127 km

Mit dem Zug

Kroatien ist durch direkte Zugverbindungen mit Deutschland und vielen anderen Län-

---

Koloman aus der ungarischen Dynastie wird zum kroatischen König gekrönt und führt die ander zusammen. Eine Allianz, die bis 1918 erhalten bleibt		Napoleons Truppen lösen die seit 1400 autonome Republik Ragusa (heute Dubrovnik) auf. 1815 fällt die Stadt an Österreich, Dalmatien wird österreichische Provinz		Nach dem Ersten Weltkrieg wird das »Königreich der Serben, Kroaten und Slowenen« proklamiert. 1929 wird der Staat umbenannt in »Königreich Jugoslawien«		Tito wird Staatspräsident, 1963 auf Lebenszeit. Über dem Land weht die Flagge der Sozialistischen Föderativen Republik Jugoslawien	
9. Jh.	**1102**	**1526**	**1808**	**1835**	**1918**	**1941**	**1953**
eit taucht er Kroaten nd was er ungewiss	Das ungarisch-kroatische Heer unterliegt Süleyman II. Die Osmanen erobern weite Teile Kroatiens und Ungarns. Im 17. Jh. werden sie von den Österreichern verdrängt		Der »Illyrismus«, die kroatische Nationalbewegung, setzt ein. 1843 wird die erste Rede auf Kroatisch im kroatischen Landtag gehalten. 1867 Entstehung der k. u. k. Monarchie Österreich-Ungarn		Deutsche Truppen dringen in Jugoslawien ein. Kommunistische Partisanen organisieren sich unter Josip Broz Tito		Tito stirbt am Bevölkerung traue Präsidenten. Mit beginnt sich der Z halt des Landes

Als Österreich eine Seemacht war

Ein halbes Jahrhundert lang kontrollierte Wien wichtige Häfen der Adria. 1918 kapituliert die kaiserliche Flotte, die k.u.k Monarchie ist Geschichte

Es dampft und zischt, Funken fliegen, grelles Licht flackert auf. Rauch hängt in der Luft. Es wird gesägt, geschraubt und geschliffen, mit dumpfen, hallenden Schlägen bringen Arbeiter Schiffsrümpfe in Form. Es riecht nach Öl, Farbe und verbranntem Holz. In den Werften und Werkstätten von Pula im Süden Istriens herrscht Hochbetrieb.

Die Stadt ist Mitte des 19. Jahrhunderts unter Kaiser Franz Joseph I. zum österreichischen Zentralkriegshafen bestimmt worden. Als sich 1867 Österreich und Ungarn zur Doppelmonarchie zusammenschließen, erlangt der Stützpunkt eine weitreichende strategische Bedeutung. Zu dem neuen großen Kaiserreich gehört ein beträchtlicher Streifen Mittelmeerküste, und den gilt es zu verteidigen. **Pula** ist ein wichtiger Ausgangspunkt, um verschiedene Buchten in der Adria zu erreichen und zu sichern. Der Hafen wird zum **Dreh- und Angelpunkt für Militäraktionen** der kaiserlich-königlichen Marine. Innerhalb kürzester Zeit wächst die Stadt zu einer regelrechten Festung heran. In Pulas großflächigem Hafengebiet und in Triest werden neue Schiffe für die aufstrebende Flotte ge-

Stolze Flotte: die k.u.k Kriegsmarine vor Pula um 1910

baut, ältere überholt. Immer mehr Menschen ziehen in die Stadt: Von 1850 bis 1910 wächst die Zahl der Einwohner von rund 3000 auf weit mehr als 50 000. Aber auch andere Städte profitieren vom österreichischen Engagement auf See: In Rijeka, dem damaligen Fiume, werden Schiffe gebaut und Waffen für die k.u.k. Kriegsmarine produziert, die in Pula installiert und instand gesetzt werden. Marinesoldaten erhalten bis 1914 in der vormals in Venedig und Triest, dann in

An der Adriaküste lassen sich die Illyrer nieder. Zeugnis der Besiedlung sind Fluchtburgen, Mauerreste wurden auf Brijuni und bei Pula gefunden

Der Einfluss Roms wächst. 34 v. Chr. nimmt Oktavian, der spätere Kaiser Augustus, das Gebiet zwischen Küste und pannonischer Ebene ein

Dalmatien und Istrien kommen unter byzantinische Herrschaft. Um 600 dringen Awaren und Slawen ins Land ein

1200 v. Chr.	500 v. Chr.	200 v. Chr.	284	536

Griechen landen in Dalmatien und gründen Handelsniederlassungen

Der römische Kaiser Diokletian kommt an die Macht, in der Nähe von Salona lässt er sich ab 295 einen Palast errichten, daraus entsteht später die Stadt Split

In Quellen aus dieser erstmals der Name auf. Woher er stammt bedeutet, ist bis heute

MERIAN-Straßenkarte

KROATIEN

Orte

Baška	C 2	Premantura	B 2
Buje	A 1	Primošten	K/L 6
Cres	C 2	Pula	A/B 2
Dubrovnik	E 5	Rijeka	B/C 1
Gradac	C 4	Rovinj	A 2
Komiža	A 5	Savudrija	A 1
Korčula	C 5	Šibenik	K 6
Labin	B 1	Sisak	K/L 2/3
Lokrum	E 5	Solin	A 4
Lovran	B 1	Split	A 4
Mali Lošinj	C 3	Stari Grad	B 4
Mali Ston	D 5	Ston	D 5
Motovun	A 1	Trogir	A 4
Nin	D 3	Trsteno	E 5
Novigrad	A 1	Umag	A 1
Omiš	B 4	Valun	B/C 2
Opatija	B 1	Varaždinske Toplice	K 1
Pazin	A/B 1	Volosko	B 1
Podgora	C 4	Vrsar	A 2
Poreč	A 1	Zadar	J 5
		Zagreb	K 2

A1	Autobahn
	Autobahnähnliche Straße
	Fernverkehrsstraße
	Hauptstraße
	Nebenstraße
30	Entfernung in Kilometer
■	Sehenswürdigkeit
♟	Kirche
♜	Kloster
♞	Schloss, Burg
∩	Höhle
∴	Archäologische Stätte
⚓	Marina
⚑	Strand
◈	UNESCO-Welterbe
✈	Flughafen
⊕	Flugplatz
- - -	Fährverbindung
▢	Nationalpark
1209	Berg (Höhe in m)

Die Fährverbindungen zu den Inseln

Die Inseln Kroatiens lassen sich dank guter Schiffsverbindungen bequem und einfach erreichen. Mehrere Fährgesellschaften fahren vom Festland zu den Inseln, etwa von Rijeka nach Cres und Rab oder von Split nach Hvar und Vis. Zusätzlich existieren Verbindungen zwischen den Inseln. Kroatiens größter Anbieter ist Jadrolinija (www.jadrolinija.hr), außerdem verkehren G&V Line (www.gv-line.hr) oder auch Linijska Nacionalna Plovidba (www.lnp.hr) zwischen zahlreichen Häfen. Von Norden bis Süden gibt es viele schöne Marinas, etwa in Supetarska Draga auf Rab, in Milna auf Brač oder in Komolac, nördlich von Dubrovnik. Wer ohne Auto oder Zweirad unterwegs ist, kann teils auch Hochgeschwindigkeitskatamarane nutzen, die viele Inseln und Küstenstädte verbinden. G&V Line bietet zum Beispiel die Tour Dubrovnik–Šipanska Luka (Insel Šipan)–Sobra (Insel Mljet)–Korčula–Ubli (Insel Lastovo) an. Im Norden läuft Jadrolinija die Stationen Rijeka–Martinšćica (Insel Cres)–Unije–Susak–Ilovik–Mali Lošinj an.

© MERIAN-Kartographie

Autofähre von Trpanj nach Ploce

Es gelten folgende Höchstgeschwindigkeiten:
Innerorts: 50 km/h
Außerorts: 80 km/h
Schnellstraße: 110 km/h
Autobahn: 130 km/h
Promillegrenze: 0,5

Pannendienst: Hrvatski Autoklub (HAK), **Tel.** 01 6611999
www.hak.hr/de

Mit dem Bus

Busse fahren in jeden Winkel des Landes und sind das günstigste und populärste Verkehrsmittel. Ein staatliches Busunternehmen gibt es nicht. Alle Verbindungen privater Anbieter sind unter folgender Website zu finden:
http://autobusni-kolodvor.com

Mit dem Schiff

Von der Küste fahren Fähren zu den bewohnten Inseln. Im Sommer werden die Routen öfter bedient. Es bestehen zudem Schiffsverbindungen zwischen Italien und Kroatien. Strecken, Fahrpläne, Preise und Buchungen unter:
www.jadrolinija.hr

dern verbunden. Nur 8,5 Std. braucht der **DB Eurocity** von München nach Zagreb. Auch ein Autozug fährt von Deutschland aus. Auskunft: Deutsche Bahn **www.db.de**

UNTERWEGS

Mit dem Auto

Kroatien hat ein modernes Autobahnnetz, das gebührenpflichtig ist. Die Strecke von Rijeka nach Zagreb (146 km) kostet ca. 8 € Maut. Routenberechnungen und Gebühren:
http://map.hak.hr/de

MERIAN | ZEITLEISTE

nter Franjo Tudjman erklärt Kroatien
ne Unabhängigkeit. Die von Serbien
dominierte Jugoslawische Volks-
e will die Abspaltung verhindern. Es
mmt zum Krieg, der erst 1995 endet

1980	1991	2010
. Mai. Die t um ihren einem Tod usammen- aufzulösen	Die Beitrittsverhandlungen zwischen Kroatien und der EU gehen in eine neue Runde. Bundesaußenminister Westerwelle verspricht Kroatien eine »baldige« Mitgliedschaft	

MERIAN | **IN 20 SEKUNDEN SCHLAUER**

In Kroatien leben rund **4,4 Millionen** Menschen auf einer Fläche von **56 594 km²** – das Land ist somit kleiner als Bayern (70 550 km²), hat dafür aber viel Meer: Die Fläche seiner territorialen Gewässer beträgt **31 067 km².** Ein Kaffee kostet zwischen **1,10** und **2 Euro**, ein Bier zwischen **2,20** und **2,90 Euro**. Für einen Liter Superbenzin zahlt man rund **1,30 Euro**. Im August klettert das Thermometer an Kroatiens Küste tagsüber durchschnittlich auf **25,7 °C**. Im Jahr 2010 besuchten **10,6 Millionen Urlauber** das Land. Ihnen standen **588** Hotelunterkünfte zur Verfügung.

ZAHLUNGSMITTEL

Die Landeswährung ist der Kuna (HRK), Geld kann problemlos mit EC- oder Kreditkarten an Geldautomaten abgehoben werden. Die Automaten sind weit verbreitet, vor allem an den wichtigsten touristischen Zielen. Hotels, Restaurants, Marinas etc. nehmen alle gängigen Kreditkarten an. Der aktuelle Kurs im April 2011: 1 HRK = 0,13 €, 1 € = 7,3 HRK

TELEFON

Wer vom Ausland nach Kroatien telefonieren will, wählt die Landesvorwahl 00385. Danach folgt die direkte lokale Rufnummer – wobei die 0 am Anfang weggelassen wird. Bei Telefonaten innerhalb des Landes ist aber immer die gesamte Nummer inklusive der 0 zu wählen, so zum Beispiel die 01, wenn man innerhalb Kroatiens eine Zagreber Nummer anwählen will.

Notruf:
192 Polizei (oder 112)
193 Feuerwehr (oder 112)
194 Rettungsdienst (oder 112)

STADTTOUREN

Dubrovnik, Zagreb, Rijeka und Split bieten sogenannte City Cards an. Touristen zahlen damit bis zu fünfzig Prozent ermäßigte Ticketpreise für Museen, Galerien, Festungen und City-Busse. Die City Cards sind über mehrere Tage gültig und in den Büros der Tourist-Informationen erhältlich. Informationen unter:
www.zagreb-touristinfo.hr
www.tzdubrovnik.hr
www.rijeka.hr
www.visitsplit.com

TRINKGELD

Trinkgeld in Kroatien ist nicht festgelegt, sondern wird auf freier Basis gezahlt. Üblich ist es, drei bis fünf Prozent des Rechnungsbetrags als Trinkgeld zu geben.

REISEFÜHRER

MERIAN live! Kroatien: Die südliche Küste und Inseln

Harald Klöcker, Travel House Media 2010, 128 S., 9,95 €

Die imposante Makarska-Küste, dazu zauberhafte Buchten und die historischen Städte der Adria wie Split und Dubrovnik: benutzerfreundlich präsentiert in gut recherchierten Routen.

MERIAN live! Kroatien: Küste und Inseln
von Krk bis Mljet

Harald Klöcker, Travel House Media 2009, 128 S., 9,95 €
Ausgezeichnet als bester Kompakt-Reiseführer beim ITB BuchAward: Guter Kartenteil, übersichtliche Tipps und interessante Informationen zu den bezaubernden Inseln der Adria.

MERIAN live! Istrien: Das nördliche Kroatien

Peter Hinze, Travel House Media 2011, 128 S., 9,95 €
Wo der beste Trüffel wächst, die romantischsten Bergdörfer liegen und man die Nähe zu Italien spürt: Mit gut ausgewählten Tipps führt der Autor durch die Region.

Kroatische Küste Kvarner Bucht

Bodo Müller, Edition Maritim 2010, 104 S., 19,90 €
Ein nautischer Reiseführer für Segler, der die Küsten, Häfen, Ankerplätze sowie viele kleine Anleger und Stege beschreibt. Auch Restaurant- und Ausflugstipps kommen nicht zu kurz. In der gleichen Reihe sind noch weitere Führer zu Kroatien erschienen: über Süddalmatien mit Dubrovnik und Elaphiten, Mitteldalmatien sowie über den Archipel der Kornaten.

Lonely Planet Kroatien

Vesna Marić und Anja Mutić, MairDuMont, Deutsche Ausgabe 2009, 368 S., 17,95 €
Lange haben die Kroatien-Ausgaben des Klassikers geschwächelt. Die 2009er-Edition ist nun aber deutlich besser recherchiert und deckt das Land umfassend ab. Wie üblich mit vielen Detailkarten und tausend nützlichen Tipps.

Reise-Handbuch Kroatien

Dietrich Höllhuber, DuMont 2011, 424 S., 22,95 €

Ein übersichtlich gegliederter Führer, der die verschiedensten Facetten Kroatiens umfassend beschreibt. Von Zagreb zu den Barockschlössern Slawoniens, von den Karstbergen an der Adria bis zu den tausend Inseln zwischen Istrien und Dubrovnik – egal wo im Land man unterwegs ist: Der Führer lässt einen nicht allein, hilft mit guten und farbigen Detailkarten.

Mittel- und Süddalmatien

Lore Marr-Bieger
Michael Müller Verlag 2009 384 S., 19,90 €
Nur einem Teil Dalmatiens so viele Seiten zu widmen – dies weist schon auf die ausführlichen Beschreibungen und die Detailfülle hin, die in diesem Guide stecken. Zusatzinformationen – etwa zu regionalen Weinen, Busverbindungen und Fährzeiten – sind für all jene hilfreich, die vorhaben, die Region lange und intensiv zu bereisen.

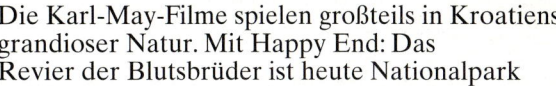

MERIAN | FILM

Winnetous Welt

Die Karl-May-Filme spielen großteils in Kroatiens grandioser Natur. Mit Happy End: Das Revier der Blutsbrüder ist heute Nationalpark

Wenige wissen es: Etliche der Indianer-Klassiker, in denen Winnetou und Old Shatterhand in epischen Szenen zu sehen sind, wurden im heutigen Kroatien gedreht. Die meisten Filme entstanden in den 1960er-Jahren, und die damalige jugoslawische Produktionsfirma Jadran-Film aus Zagreb fand die Drehorte zum Beispiel im Hinterland von Rijeka, im Canyon von Paklenica und im heutigen Krka-Nationalpark. Ein Film wie »Der Schatz im Silbersee« lebt vor allem von der Kulisse: den rauschenden Wasserfällen, mächtigen Kalkfelsen und der berühmten Höhle im Gebiet der Plitwitzer Seen. Das Beste daran: Wo Pierre Brice und Lex Barker damals durch die Gegend ritten, existieren heute für jeden zugängliche, wunderschöne Nationalparks.
DVD-Tipp: Winnetou – The Complete Collection, 8 DVDs, 16 Filme, auch in Deutsch, 1526 Min., 42,49 €

LITERATUR

Buick Rivera

Miljenko Jergović
Schöffling & Co. 2006
249 S., 19,90 €
»Miljenko Jergović gilt als ein brillanter Schriftsteller. Mit Sprachgewalt und Komik lässt Jergović seinen gefühlsphlegmatischen Helden gehörig aus der Kurve fliegen«, so *Der Spiegel*. Die Nachwirkungen des Krieges beschreibt der Autor in diesem Roman mit Ironie und Lakonie.

Kein Gott in Susedgrad. Neue Literatur aus Kroatien

Herausgegeben von Nenad Popović, Schöffling & Co. 2008, 300 S., 19,90 €
Junge Stimmen, die den Krieg literarisch verarbeiten: Dieser Band versammelt kreative und berührende Kurzgeschichten, die den Leser in den mal turbulenten, mal tragischen Alltag nach den Zeiten der Bomben entführen – ohne das Pathos und die Schwere, die viele Texte älterer Autoren aus dem Land kennzeichnen.

Augsburg

Lust am Spiel mit großer Geschichte: der Geschlechtertanz, wie ihn die städtische Elite ab dem 14. Jahrhundert feierte

Großer Name und große Aufgaben: Maria Elisabeth Gräfin Thun-Fugger

Badestrand am Lech. Der Fluss hat Augsburg reich gemacht, heute ist sein Ufer Revier der Ausflügler

In Augsburg revolutionierte **Jakob Fugger** die Finanzwelt. Glänzt Deutschlands frühe **Renaissance-Architektur**, boomte die **Textilindustrie**, schrieb **Bert Brecht** erste Stücke und Gedichte. Und wurde eine **Puppenkiste** zum Aushängeschild. Was für eine Stadt!

Zuletzt erschienen

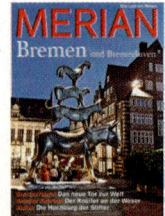

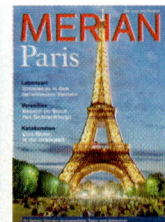

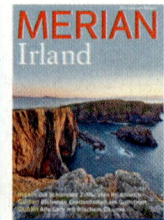

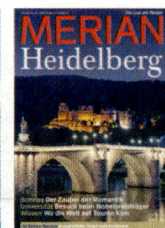

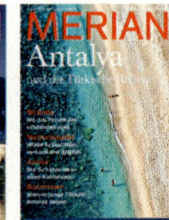

In Vorbereitung: Luzern und Vierwaldstättersee, Hessen, London, Ägypten Abotelefon: 040 87973540 oder www.merian.de

Dezember 2010　　Januar 2011　　Februar 2011　　März 2011　　April 2011　　Mai 2011